Mitología escocesa

Fascinantes mitos, cuentos populares y leyendas de Escocia

© Copyright 2025

Todos los derechos reservados. Ninguna parte de este libro puede ser reproducida de ninguna forma sin el permiso escrito del autor. Los revisores pueden citar breves pasajes en las reseñas.

Descargo de responsabilidad: Ninguna parte de esta publicación puede ser reproducida o transmitida de ninguna forma o por ningún medio, mecánico o electrónico, incluyendo fotocopias o grabaciones, o por ningún sistema de almacenamiento y recuperación de información, o transmitida por correo electrónico sin permiso escrito del editor.

Si bien se ha hecho todo lo posible por verificar la información proporcionada en esta publicación, ni el autor ni el editor asumen responsabilidad alguna por los errores, omisiones o interpretaciones contrarias al tema aquí tratado.

Este libro es solo para fines de entretenimiento. Las opiniones expresadas son únicamente las del autor y no deben tomarse como instrucciones u órdenes de expertos. El lector es responsable de sus propias acciones.

La adhesión a todas las leyes y regulaciones aplicables, incluyendo las leyes internacionales, federales, estatales y locales que rigen la concesión de licencias profesionales, las prácticas comerciales, la publicidad y todos los demás aspectos de la realización de negocios en los EE. UU., Canadá, Reino Unido o cualquier otra jurisdicción es responsabilidad exclusiva del comprador o del lector.

Ni el autor ni el editor asumen responsabilidad alguna en nombre del comprador o lector de estos materiales. Cualquier desaire percibido de cualquier individuo u organización es puramente involuntario.

Índice

INTRODUCCIÓN 1
CAPÍTULO 1: EL PRINCIPIO: LOS MITOS DE LA CREACIÓN Y EL PAISAJE ESCOCÉS 4
CAPÍTULO 2: HÉROES Y GUERREROS LEGENDARIOS 14
CAPÍTULO 3: DEIDADES Y ESPÍRITUS: EL PANTEÓN DE LA MITOLOGÍA ESCOCESA 26
CAPÍTULO 4: LAS FAE Y EL INFRAMUNDO: REINOS DIFERENTES 38
CAPÍTULO 5: FANTASMAS Y APARICIONES 49
CAPÍTULO 6: LAS MISTERIOSAS CRIATURAS DEL FOLCLORE ESCOCÉS 62
CAPÍTULO 7: BRUJERÍA, MAGIA NEGRA Y MALDICIONES 75
CAPÍTULO 8: AMOR Y TRAICIÓN: LAS SAGAS DE ESCOCIA 87
CAPÍTULO 9: LUGARES SAGRADOS 96
CONCLUSIÓN 107
VEA MÁS LIBROS ESCRITOS POR ENTHRALLING HISTORY ... 109
BIBLIOGRAFÍA 110
FUENTES DE IMAGENES 113

Introducción

La mitología escocesa está profundamente arraigada en la mitología celta, y comparte rasgos comunes con su homóloga irlandesa, aunque también posee elementos únicos. Desde el punto de vista histórico, los celtas surgieron en Europa central a finales de la Edad de Bronce, alrededor del año 1200 a. C. No eran una nación unificada, sino un conjunto de tribus que compartían similitudes lingüísticas, culturales y sociales. Su sociedad se caracterizaba por una rica tradición oral, una artesanía especializada y un complejo sistema religioso en el que los druidas eran los líderes espirituales.

Con el tiempo, los celtas empezaron a expandir su territorio. Sin embargo, su migración no fue un movimiento único y coordinado, sino una serie de oleadas que abarcaron varios siglos. Estas migraciones fueron impulsadas por diversos factores, como la necesidad de más espacio debido al auge demográfico, el atractivo del comercio y, tal vez, la búsqueda de tierras aptas para la agricultura. En la Edad de Hierro, alrededor del año 800 a. C., las tribus celtas se habían extendido por gran parte de Europa occidental, llegando incluso a Gran Bretaña e Irlanda.

La llegada de los celtas a Escocia se reconstruye a partir de hallazgos arqueológicos y deducciones históricas, ya que no existen registros escritos de los propios celtas durante esa época. Se cree que llegaron a Escocia en algún momento de los últimos siglos antes del comienzo de la Era Común. De lo que sí podemos estar seguros es de que su llegada supuso un importante cambio cultural, ya que los escoceses empezaron a adoptar lenguas, estilos artísticos y sistemas sociales celtas.

Cuando los celtas se asentaron en Escocia, sus mitos y leyendas se arraigaron profundamente en el paisaje escocés. Los dioses, héroes y criaturas míticas de la tradición celta fueron adaptados al entorno escocés, encarnando las características de sus montañas, bosques y lagos. El mundo natural era fundamental para la espiritualidad celta, y esta conexión se refleja vívidamente en la mitología escocesa.

La expansión de la influencia celta en Escocia no fue sólo cultural, sino también lingüística. Las lenguas celtas, que forman parte de la familia de lenguas indoeuropeas, se diversificaron en varias ramas, y el gaélico se convirtió en la lengua dominante en Escocia. Esta lengua trajo consigo las historias, poemas y canciones que formaron la columna vertebral de la mitología celta.

Es importante señalar que la influencia celta en Escocia no fue un caso de sustitución cultural, sino de integración y síntesis. Las creencias y tradiciones existentes de las poblaciones indígenas de Escocia se fundieron con las de los celtas, creando una identidad cultural y mitológica única.

En la mitología escocesa se encuentran entidades únicas como el Kelpie, un espíritu acuático que cambia de forma, y la Cailleach, una antigua bruja que representa la dureza del invierno. Estas figuras, aunque típicamente escocesas, reflejan la fascinación celta por la naturaleza y sus espíritus.

Las similitudes con los mitos irlandeses también se aprecian en los personajes y motivos compartidos. Por ejemplo, el héroe irlandés Fionn mac Cumhaill también aparece en los cuentos escoceses, aunque con variaciones. Asimismo, el concepto del Otro Mundo, un reino místico habitado por deidades y muertos, ocupa un lugar destacado en ambas mitologías.

Tanto los mitos escoceses como los irlandeses ponen énfasis en el poder de la narración y la tradición oral. Estas historias se transmitían de generación en generación y eran algo más que un entretenimiento: eran una forma de entender el mundo y de transmitir lecciones sociales y morales.

Por ejemplo, la trágica historia de amor de Deirdre y Naoise es uno de los cuentos más populares que se han transmitido a través de los tiempos. Los temas del amor, la libertad y el destino resuenan profundamente en el folclore escocés e irlandés, ilustrando la naturaleza a menudo trágica del amor y los crueles giros del destino. En cambio, el cuento de Thomas Rhymer y la Reina de la Tierra de los Elfos ofrece una perspectiva diferente. Thomas Rhymer, un bardo conocido por sus dotes proféticas, se encuentra con la Reina de la Tierra de los Elfos, una figura mística del Más Allá. Ella lo invita a su reino, donde permanece siete años. A diferencia de la historia de Deirdre y Naoise, este relato no está marcado por la tragedia, sino por el encanto y el misterio.

La brujería, la magia negra y las apariciones fantasmales también ocupan un destacado lugar en el rico entramado de las antiguas creencias escocesas. En el folclore escocés, la brujería se veía a menudo con una mezcla de miedo y temor, y se describía a las brujas como poseedoras de poderosas habilidades. A finales del siglo XVI y principios del XVII se produjo una intensa caza de brujas, reflejo de los temores sociales y las influencias religiosas.

Por otra parte, los fantasmas de la tradición escocesa suelen estar vinculados a lugares concretos, como castillos y sitios antiguos. Las historias de espíritus inquietos suelen servir de lección moral sobre las consecuencias de los actos. Del mismo modo, en los mitos escoceses las maldiciones se consideran fuerzas poderosas capaces de traer la desgracia, lo que subraya la creencia en el poder de las palabras y los hechizos.

En resumen, el origen de los celtas en Europa central y su migración gradual a Escocia dieron lugar a un rico patrimonio cultural. La migración de los celtas a Escocia es una historia de mestizaje cultural, en la que los viejos cuentos se remodelaron y evolucionaron, resonando a través de las tierras altas y los lagos y dando forma al alma misma de la mitología escocesa.

Capítulo 1: El principio: Los mitos de la creación y el paisaje escocés

En el extremo norte de Europa, donde antiguas montañas se alzan como guardianes silenciosos y los lagos yacen profundos y misteriosos, se encuentra Escocia. Su escarpada belleza, esculpida a lo largo de milenios, cuenta una historia más antigua que el tiempo. Para comprender su formación, primero debemos embarcarnos en un viaje a la Era de Hielo. Era una época en la que grandes capas de hielo tan gruesas como montañas cubrían la tierra. Estos glaciares se movían lentamente, pero esculpían los valles y las colinas, dejando atrás un paisaje a la vez duro y sobrecogedor.

Sin embargo, hay otra historia sobre la formación de esta tierra, entretejida en el tejido mismo del folclore escocés. Habla de Cailleach, también conocida como Beira, la antigua bruja creadora y formadora de montañas y valles. Su historia es mágica y misteriosa, una intrincada mezcla de la dura realidad de la naturaleza y la rica imaginación de los pueblos antiguos.

Cailleach no era una figura ordinaria. Era la encarnación del invierno y de la salvaje e indómita naturaleza de la tierra. Su aspecto era tan formidable como los elementos que controlaba. A menudo se la representaba como una gigante, imponente sobre el paisaje, con la piel pálida como la nieve y áspera como las escarpadas laderas de las montañas. Sus ojos, penetrantes y azules, reflejaban los lagos helados y el cielo invernal. Su pelo, largo y blanco, fluía como las cascadas y su voz era como el aullido del viento.

Ilustración del Cailleach de 1917 [1]

Con un martillo hecho de truenos y relámpagos, Cailleach recorría la tierra esculpiendo sus rasgos. Una leyenda explica cómo Escocia se convirtió en el paisaje escarpado que vemos hoy. Cailleach recorría las tierras de Escocia con una gran cesta de mimbre llena de rocas y piedras. No eran rocas ordinarias, sino los bloques de construcción de la propia tierra, cargados con la magia y el poder de esta antigua deidad. A medida que atravesaba el accidentado terreno, su tarea consistía en crear y dar forma a las características de la tierra, como sus montañas, colinas y valles.

Sin embargo, en su viaje por Escocia, de vez en cuando, por descuido o por el peso de su carga, caían rocas de su cesta. Cada roca, imbuida de su poder, se transformaba en parte del paisaje. Donde caía una piedra grande, se levantaba una montaña, escarpada y majestuosa. Las piedras más pequeñas formaban colinas, y los guijarros más pequeños se convertían en peñascos y rocas.

Este proceso, repetido a lo largo del tiempo, dio lugar a la formación de la singular y variada topografía de Escocia. Esta historia combina con elegancia la idea de una creación accidental pero fatídica con la formación deliberada de la tierra. Representa a Cailleach no sólo como una creadora, sino también como una fuerza elemental cuyas acciones, intencionadas o no, tienen profundas repercusiones en el mundo natural.

Cailleach fue también el ser poderoso responsable de la creación del primer lago de Escocia. Según los cuentos populares, había un pozo mágico en la cima de Ben Cruachan, una montaña. Cada noche, la bruja divina tenía que tapar el pozo para evitar que se desbordara, y cada mañana retiraba el tapón para que el agua pudiera fluir. Sin embargo, una fatídica noche, Cailleach olvidó accidentalmente su rutina. Tal vez agotada por su trabajo diario, la bruja cayó en un profundo sueño y se olvidó de tapar el pozo.

El agua del pozo comenzó a fluir sin control durante toda la noche. Brotó a torrentes, cayendo en cascada por la ladera de la montaña con una fuerza imparable. Cuando Cailleach despertó de su letargo, el agua había formado un inmenso lago en el valle. Esta gran masa de agua pasó a conocerse como el lago Awe.

La venerada diosa bruja del invierno también desempeñaba un papel fundamental en el cambio de las estaciones. Cuando los colores del otoño se desvanecían y el frío del invierno empezaba a susurrar por los valles, se decía que la Cailleach se trasladaba al golfo de Corryvreckan. Allí, en medio de las rugientes aguas, lavaba su inmenso manto, una importante tarea que marcaba el comienzo de la transformación del crepúsculo otoñal en el profundo abrazo del invierno.

Cuenta la leyenda que Corryvreckan, con sus feroces y arremolinadas corrientes, se convirtió en su lavabo. El remolino, conocido por su estruendoso rugido, es una característica permanente del paisaje. Aunque el remolino siempre está presente, su visibilidad e intensidad varían con las mareas. Algunos afirman que el sonido podía alcanzar distancias de hasta veinte millas y duraba tres días enteros.

El remolino de Corryvreckan, que se cree que es el lavabo de la Cailleach [a]

Una vez hecho esto, el gran manto sería de un blanco puro, ya que había sido limpiado a fondo en las agitadas aguas. Esta tela, transformada por las manos de la vieja diosa, se convertía entonces en el extenso manto de nieve que cubría suavemente la tierra.

La Cailleach era algo más que una creadora: era la guardiana de los animales y la protectora de lo salvaje. Alimentaba a los ciervos y a las cabras salvajes, y su presencia se dejaba sentir en el susurro de las hojas y del viento. Su personalidad era compleja. Podía ser feroz y formidable, como las tormentas de invierno, pero también podía ser nutritiva y protectora, como una madre para la tierra y sus criaturas.

Las leyendas cuentan que, cada cien años, la Cailleach se transformaba en una hermosa joven que envejecía rápidamente con el paso de las estaciones. Este ciclo simbolizaba el ritmo eterno de la naturaleza, la danza interminable de la creación y la destrucción, la vida y la muerte, el invierno y la primavera.

Una batalla entre dos gigantes: Benandonner y Finn McCool

Benandonner, conocido como el Hombre Rojo de Antrim, era un ser de inmenso tamaño y poder. Su hogar estaba entre los imponentes acantilados y los profundos valles de Escocia, una tierra tan dura e inflexible como el propio gigante. Las leyendas sobre su fuerza y valor eran tan comunes como el brezo de las laderas.

Al otro lado del estrecho mar estaba Irlanda, hogar de otro gigante, Finn McCool. Aunque Benandonner nunca había conocido a Finn, había oído hablar de su homólogo irlandés. Finn McCool, también conocido en gaélico como Fionn Mac Cumhaill, no era un gigante cualquiera. Era un guerrero, un líder y un hombre de gran sabiduría y valentía. Sus hazañas eran materia de leyenda y su valor era celebrado en los cuentos de los celtas.

La historia que relatamos comenzó en Irlanda, donde Finn, de pie en los escarpados acantilados, miraba a menudo a través del Canal del Norte hacia Escocia, preguntándose por el gigante del que había oído hablar, pero al que nunca había visto. Finn, cuyo orgullo era tan grande como su estatura, se inquietaba pensando en otro gigante que pudiera igualar o incluso superar su fuerza. Aunque se decía que Finn vivía en paz con su esposa Oonagh, las continuas burlas de Benandonner gritadas desde el otro lado del mar acabaron por enfurecer a Finn.

Cada día, los dos gigantes intercambiaban insultos, ambos gritando a pleno pulmón. Finalmente, empezaron a lanzarse piedras. Sin embargo, sus lanzamientos no eran lo bastante potentes; la distancia entre ellos era demasiado grande. Finn lanzó una vez un trozo de tierra hacia Escocia, pero se quedó corto. Aterrizó en medio del océano y formó la isla de Man. El lugar donde se recogió el trozo de tierra se llenó de agua, convirtiéndose en lo que hoy conocemos como Lough Neagh.

No había indicios de que la rivalidad entre ambos fuera a enfriarse. Tal vez impulsado por el deseo de demostrar que era el mayor gigante de la tierra y de darle una lección al misterioso gigante escocés por haberse burlado de él, Finn decidió finalmente retar a Benandonner a una batalla cara a cara. Pero había un problema que se lo impedía: el feroz mar que se interponía entre ambos. Sin embargo, Finn nunca se echó atrás. Días después, al gigante impertérrito se le ocurrió una idea. Hizo acopio de fuerzas y empezó a recoger enormes trozos de la costa irlandesa y a arrojarlos al rugiente mar. Estas piedras formaron una calzada que se extendía hasta Escocia.

Mientras tanto, en Escocia, Benandonner vio formarse este camino y comprendió el desafío de Finn. Ardiendo en su propio orgullo y en el fuego de la competición, Benandonner emprendió su viaje a través de la calzada hacia Irlanda, ansioso por enfrentarse a Finn en la batalla. Este fue el momento exacto en el que Finn comprendió por fin el descomunal tamaño de Benandonner; el gigante escocés era mucho más grande que él. El pisotón de Benandonner en la calzada podría hacer temblar el mismo océano que separaba sus tierras. Por primera vez en su vida, Finn sintió un poco de miedo.

Finn corrió a su morada, donde lo esperaba su querida esposa, Oonagh. Con voz casi temblorosa, Finn le contó a su esposa lo sucedido con Benandonner y su temible tamaño. El gigante irlandés estaba aterrorizado por su destino, ya que estaba seguro de que sería casi imposible derrotar a Benandonner en una batalla. Afortunadamente, Oonagh era famosa por su belleza y su astucia. Al escuchar la preocupación de su marido, la giganta ideó rápidamente un plan y optó por utilizar la astucia para burlar la fuerza bruta. En primer lugar, Oonagh vistió a Finn de bebé, lo envolvió en una enorme manta y lo colocó en una enorme cuna. El disfraz tenía que ser convincente; Benandonner no era tonto.

Cuando Benandonner llegó a la puerta de su casa, Oonagh le dio una calurosa bienvenida. Le explicó que Finn había salido a hacer un recado, pero que volvería en breve. Mientras esperaban, hizo un gesto hacia la cuna, presentando al disfrazado Finn como su bebé. Benandonner se sorprendió al ver al enorme bebé.

"Si éste era el tamaño de su bebé, ¿qué tan grande podía ser el padre?". pensó Benandonner. Sin duda, la visión del "bebé" pretendía sembrar una semilla de duda en la mente de Benandonner sobre el tamaño y la fuerza de su rival. Sin embargo, esto no fue suficiente para enviar al gigante escocés por donde había venido.

Así que Oonagh siguió con su plan. Le ofreció un pastel de avena, un manjar común por aquellos parajes. Pero no era un pastel cualquiera. Oonagh había horneado astutamente una gran plancha de hierro en el centro del pastel. Cuando el desprevenido Benandonner la mordió, soltó un rugido de dolor al romperse su diente contra el metal oculto.

También le había ofrecido al "bebé" Finn un pastel blando y sin plancha. El gigante disfrazado lo mordió con facilidad, exacerbando la ilusión de la fuerza del niño. Benandonner observó con asombro y creciente inquietud cómo el "bebé" mordisqueaba alegremente el pastel, una tarea que a Benandonner le había resultado dolorosamente imposible. De nuevo, su mente se agitó pensando en lo formidable que debía de ser Finn si su hijo poseía semejante fuerza.

Pero Oonagh aún no había terminado. Le dio una "piedra", que en realidad era un trozo de queso blando, al disfrazado Finn, mencionando casualmente cómo Finn le había enseñado a su hijo a exprimir zumo de una piedra. Finn exprimió el queso, haciendo que pareciera que estaba extrayendo líquido de una piedra.

Benandonner estaba intrigado. Intentó repetir la hazaña con una piedra de verdad. Emitió profundos gruñidos mientras se esforzaba y luchaba, pero no salió zumo. Las implicaciones estaban claras para el gigante escocés. Si un simple niño podía realizar semejante hazaña, ¿qué clase de gigantesca fuerza poseía su padre, Finn McCool?

Convencido de que no podría ganar un duelo contra un rival tan formidable, Benandonner se excusó, con su orgullo eclipsado por un respeto y un miedo recién descubiertos. Se apresuró a regresar a Escocia y, mientras lo hacía, desmanteló desesperadamente la calzada que quedaba a sus espaldas, deseoso de poner distancia entre él y el poderoso Finn. Se dice que los restos de esa calzada, ahora conocida como la Calzada del Gigante en Irlanda y la Cueva de Fingal en Escocia, son la prueba de este encuentro legendario.

La Calzada del Gigante, Irlanda del Norte [8]

Cueva de Fingal, Escocia [4]

La isla de Skye

La isla de Skye es otro tesoro de mitos y leyendas escoceses. Con sus escarpados acantilados, la isla de Skye es una tierra donde la frontera entre la realidad y la leyenda se desvanece. Entre sus numerosos y apasionantes relatos, la historia del Viejo de Storr destaca -literalmente- como una de las leyendas más cautivadoras de la isla. Existen varios relatos que cuentan la historia de esta magnífica e imponente formación rocosa. El relato más breve cuenta que este impresionante pináculo son los restos de un gigante. Hace siglos, se decía que la isla era el hogar de gigantes. Sin embargo, la guerra asolaba constantemente la tierra y, durante una batalla en particular, un gigante sin nombre cayó en la península de Trotternish. Por razones desconocidas, su cuerpo fue abandonado, pero en lugar de descomponerse, la tierra se lo tragó, dejando sólo una parte del gigante sobresaliendo del suelo. Mientras que algunos dicen que el Viejo de Storr era el pulgar del gigante caído, otros sugieren que era una parte bastante más íntima de la parte inferior de su cuerpo.

El Viejo de Storr, Isla de Skye[5]

Otra historia atribuye el místico paisaje de Skye a las traviesas hadas de la isla. El cuento gira en torno a una pareja local a la que todos conocían por su devoción mutua. Todos los días, sin falta, subían a las colinas de Skye y se sentaban a contemplar la belleza que encierra la madre naturaleza. Sin embargo, a medida que los años se convertían en décadas, la pareja envejeció y la escalada se hizo más difícil. Al final, la mujer, con las fuerzas mermadas, no pudo continuar el viaje. Su marido, en cambio, se mantuvo firme en su tradición. Sin quejarse, la cargó sobre su espalda, decidido a mantener vivo su ritual.

A medida que transcurría el tiempo, incluso las fuerzas del marido empezaron a agotarse, pero su determinación nunca flaqueó. Las misteriosas hadas de Skye, tras observar esta muestra de amor y tenacidad, se sintieron conmovidas e intrigadas. Se presentaron ante la pareja, ofreciéndose a conceder el silencioso deseo del marido de que su esposa pudiera acompañarlo allá donde fuera.

Con el corazón lleno de amor y esperanza, el hombre subió a su mujer a la colina por última vez. Al llegar a la cima, las hadas, fieles a su palabra, pero no exentas de malicia, transformaron a la pareja en un enorme pilar de piedra. Unida en piedra, la pareja estaría junta para siempre, un símbolo eterno de amor y dedicación.

No todos los cuentos de Skye están teñidos de las artimañas de las hadas. Una de esas historias es la de un granjero de buen corazón que vivía al pie de esas mismas laderas místicas. Este granjero, conocido por su generosidad y buen carácter, se encontró un día con un Brownie en apuros. Según la tradición escocesa, los Brownies son espíritus benévolos que ayudan en las tareas domésticas al amparo de la noche. En este caso concreto, el Brownie parecía estar herido. Así que, sin dudarlo, el granjero le ofreció cobijo y cuidados.

Agradecido por la amabilidad del granjero, el Brownie le prometió corresponder a su benevolencia. Fiel a su palabra, el Brownie se convirtió en el ayudante invisible del granjero. Noche tras noche, el granjero se despertaba y encontraba sus tareas terminadas y sus campos cuidados con gran precisión y esmero.

La fortuna del granjero creció, al igual que su gratitud hacia su ayudante invisible. Como no quería trabajar gratis, el granjero solía dejarle pequeñas muestras de agradecimiento, como cuencos de nata fresca o pan recién horneado, los cuales desaparecían por la mañana. Su amistad se fortaleció año tras año hasta que sobrevino la tragedia.

Cuando su amada esposa falleció repentinamente, tras luchar contra una enfermedad terminal, la tristeza se apoderó del granjero. Su corazón se hizo pedazos y quedó tan desconsolado que murió al día siguiente. El Brownie se sintió muy apenado al conocer la noticia de la muerte de su querido amigo. En una muestra de agradecimiento y honor, la criatura talló un monumento para recordar para siempre al bondadoso granjero, creando el mundialmente famoso Viejo de Storr.

Capítulo 2: Héroes y guerreros legendarios

Al igual que las épicas historias de Heracles en la mitología griega o las heroicas hazañas de Eneas en la romana, las leyendas escocesas de héroes como William Wallace y Robert the Bruce resuenan profundamente en el espíritu de su pueblo. Estas historias, ricas no sólo en dramatismo, sino también en lecciones morales, sirvieron de guía a los escoceses, quienes tuvieron que vadear algunos periodos bastante turbulentos a lo largo de su historia. Estos personajes, nacidos de una mezcla de historia y mito, han trascendido sus orígenes mortales para convertirse en símbolos de orgullo nacional. Sus historias son mucho más que un mero entretenimiento; son los cimientos sobre los que se ha formado y definido la nación escocesa.

Sir William Wallace es un popular héroe nacional de Escocia. Su historia, que tiene como telón de fondo la dominación inglesa sobre las tierras escocesas, es una saga de resistencia, valor y sacrificio. A finales del siglo XIII y principios del XIV, Escocia se vio sometida a una creciente presión por parte de la Corona inglesa, que pretendía imponer su control sobre su vecino del norte. Este período de agitación política y desasosiego sentó las bases para la aparición de Wallace como figura fundamental en la lucha de Escocia por la libertad.

Vitral con una representación de Sir William Wallace [6]

Nacido hacia 1270, Wallace creció en Escocia, donde la sombra del dominio inglés se cernía sobre él. Sus primeros años, envueltos en la bruma del tiempo, son una mezcla de realidad y folclore. Se cree que era hijo de un terrateniente escocés, posiblemente un noble menor. Su juventud estuvo marcada por un creciente resentimiento contra la presencia y la influencia de los ingleses en Escocia.

La llama de la rebelión se encendió en el corazón de Wallace cuando fue testigo de una serie de injusticias. La chispa que hizo arder su camino fue un encuentro con soldados ingleses en la ciudad de Lanark. Hay pocos detalles sobre el incidente, pero según la leyenda, Wallace se indignó por el injusto asesinato de su amada, Marion Braidfute. Como represalia, mató a William Heselrig, el sheriff inglés de la ciudad. Este acto de desafío marcó el inicio de la legendaria resistencia de Wallace contra el dominio inglés.

Su excepcional capacidad de liderazgo y su perspicacia militar brillaron aún más en la mañana del 11 de septiembre de 1297. De pie en lo alto de una colina, William Wallace contemplaba el río Forth, con los ojos encendidos por el fuego de una batalla inminente. Quienes lo vieron en ese momento probablemente pensaron que era una figura llamativa, llena de energía y carisma, y que estaba más que preparado para el derramamiento de sangre que se avecinaba. Debajo de él se extendía el estrecho puente de madera de Stirling, que cruzaba el río, y donde tendría lugar una de las batallas más famosas de Escocia.

Cuando se acercó el momento, Wallace observó el movimiento de sus enemigos al otro lado del campo de batalla. Junto a él estaban sus leales tropas escocesas, un grupo diverso que incluía granjeros, herreros y algunos nobles de rango inferior alineados en una formación algo desorganizada. Sus ojos, llenos de una mezcla de miedo y determinación, estaban fijos en su líder, esperando sus órdenes. El ejército de Wallace era inferior en número y equipamiento, pero su fuerte resistencia y espíritu los llevaría a alcanzar el éxito.

El puente de Stirling en la actualidad[7]

Al otro lado, se veía avanzar un mar de soldados ingleses, dirigidos por el conde de Surrey y Hugh de Cressingham. Las tropas estaban llenas de caballeros y soldados bien equipados, bien versados en cruentas batallas, y tan acostumbrados a ganar que pensaban que los escoceses no eran más que meras molestias. A medida que se acercaban al puente, se oían los fuertes sonidos del tintineo de sus armaduras, los continuos relinchos de sus caballos y los penetrantes gritos de los soldados ingleses. Confiaban en salir victoriosos aquel día. No sabían que se dirigían directamente a una trampa.

Cuando las primeras unidades del ejército inglés comenzaron a cruzar el estrecho puente, el genio estratégico de Wallace se hizo evidente. Había permitido cruzar al número suficiente de enemigos, creando un cuello de botella. Con un rugido atronador que parecía sacudir la tierra misma, Wallace dirigió a sus hombres en una carga feroz. Los escoceses, impulsados por un ferviente deseo de libertad, descendieron sobre los atrapados ingleses con una ferocidad que contradecía sus humildes orígenes.

El estrecho puente se convirtió en una escena de caos, con el choque de acero contra acero resonando a lo largo del paseo marítimo. Wallace blandía su espada con una gracia letal, derribando soldados ingleses a cada golpe. Sus compañeros escoceses, envalentonados por el coraje de su líder, lucharon con una salvaje e indómita ferocidad, y sus gritos de guerra se fundieron con los sonidos de la batalla para crear una sinfonía de carnicería.

A medida que más tropas inglesas intentaban cruzar el puente, la congestión convirtió su avance en una marcha de la muerte. Las fuerzas escocesas aprovecharon la oportunidad y retrocedieron con renovado vigor. El río, antes una serena cinta azul, se tiñó de carmesí con la sangre de los soldados caídos.

En medio del caos, Wallace se erigió en símbolo de la voluntad indomable. Su presencia en el campo de batalla era electrizante. Inspiró a sus hombres a hazañas de valentía que habrían parecido imposibles. Bajo su liderazgo, los escoceses cambiaron la marea contra sus opresores, transformando su desventaja en un arma. Cuando la batalla alcanzó su punto álgido, los ingleses estaban completamente desorganizados. Presintiendo la victoria, los escoceses presionaron con más fuerza, haciendo retroceder a sus enemigos a través del puente.

Tras la batalla, mientras el sol se ponía sobre un campo de batalla sembrado de muertos y moribundos, Wallace se alzó triunfante, con su espada empapada de la sangre de sus enemigos. La batalla del puente de

Stirling no fue sólo una victoria militar; fue también una declaración, una afirmación de la resistencia y el coraje escoceses. Esta victoria conmocionó a toda Inglaterra y convirtió a Wallace en un símbolo del desafío escocés.

Tras este triunfo, Wallace fue nombrado "Guardián de Escocia", un cargo que le confería una autoridad considerable. Sin embargo, los ingleses no se amilanaron fácilmente. Un año después de la impresionante derrota de puente Stirling, el 22 de julio de 1298, se preparó el escenario para otro enfrentamiento épico: la batalla de Falkirk.

Wallace observó el campo de batalla con ojo avizor. Había elegido cuidadosamente el terreno, situando a sus guerreros experimentados y a sus reclutas en una amplia llanura cerca de Falkirk. Los lanceros escoceses, dispuestos en formaciones muy unidas llamadas schiltrons, eran como un seto espinoso contra la caballería inglesa. Sin embargo, a diferencia de la batalla del puente de Stirling, Wallace y sus fuerzas se enfrentaron a un rival más duro. Tuvieron que enfrentarse al ejército inglés, liderado por el rey Eduardo I. Estaba compuesto por caballería pesada y experimentados arqueros que estaban decididos a acabar con el levantamiento escocés.

El suelo se estremeció bajo la atronadora carga de la caballería inglesa. El aire se llenó del silbido mortal de las flechas cuando los famosos arqueros ingleses, una adición letal al arsenal de Eduardo, soltaron sus salvas. Los schiltrons escoceses, aunque formidables contra la caballería, eran vulnerables a esta lluvia de muerte.

Sin embargo, Wallace no se amedrentó. Alentó a sus hombres, su voz atravesó el caos. Como una figura de esperanza en medio de la desesperación, se movió entre las filas, instando a sus hombres a mantenerse firmes. Durante un tiempo, las formaciones escocesas se mantuvieron firmes, repeliendo con sus picas las feroces cargas de los caballeros ingleses. Sin embargo, el incesante bombardeo de flechas se cobró su precio, ya que las mortíferas astas dieron en el blanco, atravesando armaduras y carne.

La batalla pronto se convirtió en una vorágine de violencia y derramamiento de sangre. La caballería inglesa aprovechó las brechas abiertas por los arqueros y cargó contra el corazón de las filas escocesas. Los schiltrons empezaron a ceder y a quebrarse bajo la inquebrantable presión. Wallace luchó con valentía, moviendo rápidamente su espada mientras intentaba contener al enemigo, pero las probabilidades estaban en su contra.

Cuando el sol se ocultó, proyectando largas sombras sobre el campo de Falkirk, la batalla llegó a su sombrío final. El ejército escocés fue derrotado y sus líneas destrozadas, dejando el campo sembrado de cuerpos ensangrentados de los caídos. Wallace se vio obligado a huir.

La batalla de Falkirk fue un golpe devastador para la causa escocesa y una amarga lección sobre la crueldad de la guerra. La carrera militar de Wallace nunca se recuperó del todo de este revés. A pesar de la derrota, el espíritu de Wallace permaneció inquebrantable. Siguió luchando por la independencia de Escocia, aunque sus tácticas se orientaron más hacia la guerra de guerrillas. Sin embargo, su resistencia llegó a su fin en 1305, cuando fue traicionado y capturado por los ingleses.

El juicio y la ejecución de Wallace en Londres fueron concebidos como un espectáculo del poder inglés y una advertencia para otros posibles rebeldes. Tras ser declarado culpable de alta traición, fue sometido a la ejecución más horrible de la época medieval. Fue arrastrado desnudo detrás de un caballo hasta el lugar de su ejecución. Fue colgado y castrado mientras aún respiraba. Sus partes íntimas fueron quemadas ante sus ojos. Sólo entonces el verdugo lo abrió en canal y descuartizó su cuerpo sin vida. Las cuatro partes fueron transportadas a Newcastle, Berwick, Perth y Stirling para ser exhibidas públicamente.

Una representación del juicio de Wallace en Westminster Hall '

Wallace se convirtió en un símbolo inmortal de la lucha de Escocia por la libertad. Su nombre se convirtió en sinónimo de resistencia contra la opresión, y su historia fue un grito de guerra para quienes valoraban la libertad por encima de la vida. La brutalidad de su muerte no hizo sino consolidar su condición de mártir de la independencia escocesa.

A lo largo de los siglos, la leyenda de William Wallace creció y su vida y sus actos adquirieron proporciones míticas. Se convirtió no sólo en una figura histórica, sino también en un símbolo de la identidad nacional, encarnación de la resistencia, el valor y el espíritu inquebrantable del pueblo escocés. Su historia, inmortalizada en baladas, literatura e incluso en películas emblemáticas como *"Corazón Valiente"*, sigue inspirando y resonando entre los escoceses y los amantes de la libertad de todo el mundo.

Robert the Bruce

Mientras el sol se ponía en la batalla de Falkirk, un nuevo amanecer se levantaba silenciosamente en la forma de otro héroe, Robert the Bruce. Nacido en el seno de la aristocracia el 11 de julio de 1274, sus primeros años de vida estuvieron repletos de deberes nobiliarios e intrigas cortesanas, un marcado contraste con la humilde educación de Wallace. El joven Robert creció en una Escocia desgarrada por las luchas de la Primera Guerra de la Independencia Escocesa. Este difícil entorno lo formó, mezclando su sentido de la lealtad y la ambición con un fuerte deseo de libertad.

Robert, de mente aguda y personalidad encantadora, navegó con destreza por las traicioneras aguas de la política escocesa. Al principio, optó por mostrar su lealtad al rey Eduardo I de Inglaterra, pero no fue más que una decisión basada en el sentido práctico. En el fondo, Robert the Bruce era un verdadero escocés que sentía un profundo amor por su patria. Esta lucha interior definió gran parte de sus primeros años de vida, mientras se debatía con su papel en la lucha por la independencia de Escocia.

El punto de inflexión para Robert llegó con la muerte de Wallace. En 1306, en un movimiento audaz, Robert the Bruce reclamó la corona escocesa. Su coronación constituyó una desafiante proclama del imperturbable espíritu de Escocia. Sin embargo, su camino hacia el trono no estuvo exento de peligros. Los ingleses consideraron su coronación como un acto de traición e intensificaron sus esfuerzos por someter a Escocia.

Robert the Bruce coronado como rey de los escoceses[9]

Los primeros años del reinado de Roberto estuvieron marcados por una serie de reveses y derrotas. Se vio obligado a esconderse. Sus fuerzas se dispersaron y su reino se desorganizó. Sin embargo, estos tiempos difíciles sólo consiguieron aumentar su determinación. Desde las sombras, libró una guerra de guerrillas contra los ingleses, utilizando estrategias inteligentes e inesperadas. Poco a poco fue recuperando fuerzas y uniendo a los clanes escoceses a su causa.

La culminación de la lucha de Robert llegó en el verano de 1314, en la batalla de Bannockburn. Los ingleses, dirigidos por Eduardo II, intentaron aplastar la rebelión escocesa de una vez por todas. Marcharon hacia el norte con un gran ejército, confiados en su número y poder. Pero Robert the Bruce, siempre estratega, eligió el lugar perfecto para la batalla. Preparó sus fuerzas cerca del Bannock Burn (un arroyo al suroeste de Stirling). Estos hombres se habían curtido durante años de disturbios y luchas, y estaban listos para la oportunidad de luchar una vez más por su libertad.

A medida que los ingleses se acercaban, el ejército escocés, ampliamente superado en número, se preparó para el asalto. Robert the Bruce, montado en su caballo, se dirigió a sus hombres llamándolos a las armas. La batalla comenzó con los escoceses empleando apretados schiltrons, sus lanzas sirvieron de sentencia de muerte para la caballería inglesa. Robert lideraba desde el frente. Era un torbellino en la batalla, su destreza y liderazgo cambiaron la suerte.

El terreno pantanoso impidió el avance de los ingleses, que se vieron sorprendidos por la intensidad de la defensa escocesa. Empezaron a flaquear. Viendo su oportunidad, el ejército escocés lanzó un poderoso contraataque, creyendo en su inminente victoria. Las líneas inglesas se desmoronaron, convirtiendo su ordenada retirada en una huida presa del pánico. Bannockburn resultó ser una tremenda victoria para los escoceses, demostrando la capacidad de liderazgo de Robert the Bruce y el indomable espíritu de su pueblo.

Las secuelas de Bannockburn fueron un punto de inflexión en la guerra. La independencia de Escocia estaba efectivamente asegurada, aunque continuarían las escaramuzas y las luchas políticas. El reinado de Roberto el Bruce, después de Bannockburn, estuvo marcado por los esfuerzos para consolidar su reino y asegurar el futuro de Escocia. Trabajó incansablemente para fortalecer su reino, buscando el reconocimiento diplomático y la estabilidad para su pueblo.

En sus últimos años, la salud de Robert the Bruce empezó a deteriorarse. Sin embargo, su determinación y dedicación a Escocia nunca decayeron. Falleció el 7 de junio de 1329, pero su impacto fue mucho más allá de su vida. Bajo su liderazgo, Escocia se convirtió en una nación renacida.

Robert the Bruce, al igual que William Wallace antes que él, se convirtió en una leyenda en Escocia. Su vida y sus acciones se convirtieron en un elemento clave de lo que hoy significa ser un orgulloso escocés. Su historia sigue inspirando a las nuevas generaciones.

Black Agnes

Escocia también fue testigo de la aparición de una mujer con una increíble determinación y un inquebrantable espíritu. Esta figura femenina causó un impacto tan fuerte que su nombre ha quedado inmortalizado en la historia de Escocia.

Ilustración de Black Agnes en un libro de cuentos infantil publicado en 1906 [10]

Agnes Randolph, condesa de Dunbar y March, fue apodada "Black Agnes" (Inés la Negra) debido a su característico pelo y ojos oscuros. Como señora del castillo de Dunbar, era la encargada de proteger la fortaleza, situada en una posición crucial cerca de la costa sureste de Escocia. Su momento legendario llegó en 1338, cuando William Montagu, 1er conde de Salisbury, y su formidable ejército inglés asediaron el castillo de Dunbar. Montagu era sin duda un líder experimentado, pero sus constantes victorias a veces empañaban sus suposiciones. Como el castillo estaba bajo el mando de una mujer, pensó que sería fácil capturarlo. Poco podía imaginar que se encontraría con un enemigo tan inflexible como las propias piedras de Dunbar.

El asedio comenzó con un despliegue de fuerza tradicional: una salva de rocas lanzadas por trebuchets. Esta táctica estaba diseñada para hacer añicos tanto las murallas como la determinación del pueblo. Pero Agnes no se dejó intimidar por este ataque. En un movimiento audaz, hizo que sus criadas limpiaran las almenas del castillo con pañuelos, un gesto de desprecio que enfureció a Montagu y a sus soldados.

Los días se convirtieron en semanas y los ingleses no cesaron de asaltar las defensas del castillo. Sin embargo, bajo el mando de Agnes, la guarnición se defendió con una tenacidad que desmentía su escaso número. En uno de los momentos más dramáticos del asedio, Montagu capturó al hermano de Agnes, John Randolph, 3er conde de Moray, y amenazó con ejecutarlo ante los muros del castillo. Agnes replicó que su muerte sólo la convertiría en heredera de las tierras de su familia. Finalmente, su hermano se salvó. No lo hizo por piedad, sino porque los ingleses se dieron cuenta de que su amenaza no tenía poder sobre su férrea voluntad.

Durante el asedio, el liderazgo de Agnes fue una fuente de inspiración para su pueblo. Su ingenio, coraje e implacable desafío fueron clave para mantener fuerte la defensa del castillo. Reunió a sus tropas, animó a sus súbditos y, según la leyenda, incluso se burló de sus enemigos con insultos, lo que aumentó su frustración.

Lo que actualmente queda del castillo de Dunbar[11]

Tras cinco largos meses, el asedio del castillo de Dunbar no terminó con un estallido, sino con un gemido. Los ingleses, cansados y desmoralizados, se rindieron. Levantaron el asedio y se retiraron, con el ánimo abatido por el peso de la extraordinaria resistencia de Agnes. El nombre de Agnes, "Black Agnes of Dunbar" (Inés la Negra de Dunbar), resonó en la historia de Escocia como símbolo de la fuerte resistencia y el indomable coraje de las hijas de Escocia.

Estas legendarias figuras han quedado grabadas en el alma misma de Escocia. No son producto de la imaginación ni reliquias de una época pasada. Son presencias reales que respiran en la conciencia escocesa.

Sus historias tienen un profundo significado. Fueron compartidas una y otra vez, no sólo para divertirse alrededor de la chimenea, sino también para enseñarle a cada nueva generación su identidad e infundirles orgullo. Al igual que las epopeyas griegas enseñaban lecciones de heroísmo y los cuentos romanos hablaban del deber cívico y el imperio, las leyendas escocesas servían de brújula, guiando a los escoceses para que se mantuvieran fieles a sus valores culturales y nacionales.

Capítulo 3: Deidades y Espíritus: El panteón de la mitología escocesa

Las historias de los dioses irlandeses son especialmente llamativas, cada una dotada de pintorescos viajes. Estas historias no se limitaban a las vastas tierras de Irlanda, sino que se extendieron por todas partes, encontrando también un lugar especial en el corazón de los escoceses. Entre estos dioses, Lugh, conocido por su grandeza y fuerza, desempeñaba un papel importante tanto en la mitología irlandesa como en la escocesa.

Nuestra historia comienza en una época en la que el mundo era joven y las tierras de Irlanda yacían bajo la sombra de los fomorianos. Esta antigua raza, que se creía que procedía del fondo del mar o del inframundo, era tan formidable como temible. Sus descripciones varían, y algunos relatos los describen con grotescas cabezas de cabra y cuerpos creados a partir de los propios elementos del caos. Eran la encarnación de las fuerzas naturales destructivas. Los eruditos creen que su aspecto simboliza los aspectos salvajes e indómitos de la naturaleza.

Representación de los fomorianos [12]

Al mando de esta raza estaba Balor del Ojo Tormentoso, un rey cuya sola mirada causaba destrucción. Cuando el ojo de Balor se abría, podía abrasar la tierra y arrasar ejércitos enteros. Bajo su reinado, los fomorianos sembraron un caos indescriptible en la tierra, librando guerras y esclavizando a los pueblos. Sus adversarios más implacables fueron los Tuatha Dé Danann, una raza de deidades y hábiles guerreros. El continuo conflicto entre los fomorianos y los Tuatha Dé Danann se vio alimentado por desacuerdos territoriales y hostilidades muy arraigadas.

Los Tuatha Dé Danann representados en *"Los Jinetes de Sidhe"* (1911), de John Duncan [13]

Sin embargo, había una profecía que aterrorizaba a Balor. Esta profecía predecía su final a manos de su propio nieto. Para evitar que esto se hiciera realidad, Balor encerró a su hija, Ethniu, en una torre de cristal, lejos del mundo de los hombres.

Pero el destino siempre encuentra la manera de cumplirse. A pesar de sus esfuerzos por cambiar su destino, el mundo vio nacer a Lugh, a quien se le había predicho que tomaría la vida de su abuelo. El pelo de Lugh parecía oro hilado, y sus ojos reflejaban las profundidades del océano. Era un marcado contraste con Balor. Era una figura que inspiraba tanto asombro como admiración. Lugh era conocido por sus muchos talentos. Era un artista, un poderoso guerrero y un sabio. Su herencia era una mezcla de lo divino y lo mortal, combinando el linaje tanto de los Fomorianos como de los Tuatha Dé Danann.

El viaje de Lugh lo llevó finalmente a la Colina de Tara, la sede del rey de los Tuatha Dé Danann, Nuada. Su intento de unirse a la corte de Nuada se vio frustrado en un primer momento. El portero se negó a dejarlo entrar, alegando que la corte ya contaba con expertos en cada una de las habilidades que Lugh afirmaba poseer. Lugh señaló entonces que nadie tenía todas sus habilidades, que fue lo que le permitió entrar. Tal y como esperaba, su versatilidad impresionó a Nuada, que vio en Lugh el potencial para llevar a los Tuatha Dé Danann a la victoria contra sus opresores.

La llegada de Lugh a la corte supuso un punto de inflexión. Triunfó sobre el campeón y deidad del rey, Ogma, en un concurso de fuerza y entretuvo a la corte tocando el arpa. Con el paso del tiempo, Lugh se dio cuenta de que los Tuatha Dé Danann aceptaban poco a poco su destino. Como no le gustaba que los Fomorianos tuvieran la sartén por el mango, Lugh se comprometió a guiarlos hacia la liberación. Nuada reconoció el liderazgo y la habilidad de Lugh y lo nombró comandante de los Tuatha Dé Danann.

Así, se preparó el escenario para la legendaria batalla de Mag Tuireadh. Lugh, que lideraba la lucha, era imparable, blandiendo su lanza y su honda con una precisión letal. La batalla fue feroz, llena de espadas chocando y poderes mágicos. Por desgracia, el rey Nuada encontró la muerte durante este intenso combate. Fue asesinado por el malvado Balor.

La batalla alcanzó su punto álgido en un fatídico enfrentamiento. Lugh se enfrentó por fin a su abuelo, Balor, en un duelo en el que no sólo se trataba de fuerza física, sino también de destino y voluntad. Con astucia y habilidad, Lugh consiguió desviar la destructiva mirada de Balor hacia sí mismo golpeando el ojo de su abuelo con su honda. Este acto cumplió la profecía. Balor fue derrotado y, con su caída, terminó el reinado de terror de los fomorianos.

El desenlace de la batalla marcó una nueva era para Irlanda. La tierra comenzó a prosperar bajo el cuidado de los Tuatha Dé Danann. La victoria de Lugh liberó a la tierra de la confusión y el desorden. Los detalles de los últimos días de Lugh permanecen rodeados de misterio. Algunos relatos hablan de una trágica muerte a manos de su propia familia, un destino demasiado común entre los dioses. Otros creen que simplemente desapareció del mundo y que su espíritu se fundió con las tierras que luchó por proteger.

La influencia de Lugh perdura en los mitos y leyendas de Irlanda y Escocia. Su historia sigue cautivando a la gente, demostrando el duradero impacto de los mitos y las historias atemporales de antiguos dioses y héroes.

Bridie

Bridie, a menudo comparada con la diosa irlandesa Brigid, reina como una deidad de profunda gracia y poder curativo. Su esencia, profundamente arraigada en el ciclo de las estaciones, se manifiesta como guardiana de la curación, el parto y precursora de la primavera. En presencia de Bridie, la tierra despierta y la vida florece una vez más con la promesa de renovación y crecimiento.

El aspecto de Bridie, una mezcla de dulzura y fuerza formidable, refleja la nutritiva esencia de la tierra. Su cabello, que brilla como la luz dorada de la mañana, y sus ojos, serenos como aguas tranquilas, simbolizan su profunda conexión con el renacimiento de la vida. Vestida con túnicas que resplandecen con las brillantes paletas de la primavera, se creía que Bridie caminaba por los verdes prados y bosques, dejando a su paso un rastro de flores y vida renovada.

Tanto en los cuentos populares escoceses como en los irlandeses, las historias de Bridie resuenan con el milagro de la curación y el rejuvenecimiento de la tierra tras el frío abrazo del invierno. Venerada como protectora del ganado y guardiana de la fertilidad, la gente solía invocarla en tiempos difíciles, esperando su ayuda para hacer prosperar sus cosechas y animales. Su fiesta, Imbolc, marca el comienzo de la primavera. Es una época de celebración y renovación en la que sus seguidores se reúnen en torno a hogueras sagradas para rendir tributo a su capacidad de provocar cambios y crear nueva vida.

Un cuento en particular narra la evolución de Bridie de diosa pagana a venerada santa cristiana. Este cuento mezcla elementos de mito, historia y cambio espiritual. Tiene lugar en una época en la que las creencias religiosas de Escocia se encontraban evolucionando. En la historia, la llama sagrada de Bridie, que antaño se encendía en su honor en antiguos bosques, y sus pozos y manantiales, conocidos por curar a los enfermos, encuentran un nuevo lugar en los monasterios cristianos. Su monasterio de Kildare, por ejemplo, se convirtió en un centro de aprendizaje y curación. Allí, su llama sagrada arde continuamente y es atendida por sus devotas monjas.

Una ilustración de Bridie o Brigid [14]

Esta historia también profundiza en las milagrosas hazañas asociadas a Santa Brígida, cada una de ellas eco de los antiguos poderes de Bridie. Desde la curación de los enfermos hasta la milagrosa multiplicación de los alimentos, los actos de Santa Brígida son un reflejo de las cualidades y la influencia divinas de Bridie. La narración establece paralelismos entre el papel de Bridie en el anuncio de la primavera y la celebración de Santa Brígida el1 de febrero, día que marca el comienzo de la primavera en el calendario cristiano. Esta historia de transformación y resistencia refleja la naturaleza perdurable de los mitos y la adaptabilidad de las figuras divinas a los cambios de época. Bridie, en su transición a Santa Brígida, se convirtió en un puente entre el viejo y el nuevo mundo.

Otros relatos destacan los hechos milagrosos de Santa Brígida, como la expansión de su manto para reclamar tierras para su monasterio y su capacidad de convertir el agua en cerveza para alimentar a los pobres. Estos milagros, aunque arraigados en la tradición cristiana, reflejan la antigua conexión de Bridie con la tierra y su poder para curar y proteger.

Vitral de Santa Brígida[16]

Cernunnos

Cernunnos es conocido como una deidad cuya presencia se siente con fuerza en las antiguas tierras celtas, incluidos los reinos místicos de Escocia. Esta enigmática figura, con la majestuosidad de un dios y el misterio de la naturaleza indómita, es un mediador entre el hombre y la naturaleza. Se creía que era un guardián silencioso de los bosques y sus criaturas.

A menudo se lo representa con la cornamenta de un ciervo, que, según los eruditos, encarna el poder y la gracia primigenios de la naturaleza. Su aspecto, mezcla de humano y bestia, simboliza su profunda conexión con todos los seres vivos. A menudo aparece sentado en una pose señorial, con la cornamenta alzándose orgullosa sobre su cabeza. Su mirada sabia y profunda parece trascender el tiempo, guardando en ella los secretos de los antiguos y misteriosos bosques.

La historia de Cernunnos está envuelta en la bruma del tiempo, y sólo se conservan fragmentos de su historia. Los investigadores sugieren que era un dios de la fertilidad, la riqueza y el inframundo, pero hay muchas cosas sobre él que aún no están claras. El Pilar de los Barqueros, un antiguo artefacto, nos ofrece una de las pocas imágenes de Cernunnos. Otra sorprendente representación de este dios astado se encuentra en el Caldero de Gundestrup, que se cree que data del año 200 a. C. Aquí se lo representa en majestuoso esplendor, adornado con antorchas y rodeado de animales, tal vez para destacar su papel de señor de las bestias. Se lo consideraba un gobernante capaz de reunir en armonía a depredadores y presas.

Representación de una deidad astada, posiblemente Cernunnos, en el caldero de Gundestrup [16]

A pesar de su convincente imagen, Cernunnos sigue siendo una figura misteriosa. No existen mitos ni leyendas relacionados directamente con su nombre. Algunos estudiosos creen que el personaje de Shakespeare, Herne el Cazador, podría estar basado en Cernunnos. Según Shakespeare, Herne es un cazador de fantasmas que ronda el bosque de Windsor. Se cuenta que Herne era un guardabosques al que el rey Ricardo II, que admiraba sus dotes de cazador, favorecía. Sin embargo, la historia de Herne da un giro trágico cuando se gana los celos de los demás cazadores.

Un día, durante una cacería, el rey fue atacado por un ciervo. Herne intervino valientemente, salvando al rey, aunque él mismo acabó mortalmente herido. Mientras agonizaba, una misteriosa figura, a menudo interpretada como un hechicero o mago oscuro, apareció ante él. Se ofreció a salvar la vida de Herne con una condición: el afamado cazador debía renunciar a sus habilidades cinegéticas. Desesperado y no dispuesto a pasar a la otra vida, Herne aceptó. Así, se recuperó milagrosamente, pero, tal y como se le había prometido, perdió su destreza en la caza.

Rechazado y deshonrado, Herne cayó en la desesperación. En su angustia, se aventuró en el bosque. Ató su yelmo a un árbol y se quitó la vida. Por ello, la leyenda dice que el espíritu de Herne estaba condenado a rondar el bosque de Windsor. A menudo se lo representaba montado a caballo y con cuernos en la cabeza. Lo acompañaban los aullidos de los sabuesos y una cacería salvaje. Su aparición se consideraba un presagio de mala suerte o desgracia.

Sin embargo, la historia de Herne el Cazador ha evolucionado a lo largo de los siglos. Algunas versiones sugieren que su espíritu era en realidad un protector del bosque, aunque hay otras que lo retratan como una entidad malévola. Las teorías sobre sus orígenes van desde que era una antigua deidad pagana hasta una invención posterior de Shakespeare. La conexión con Cernunnos se basa en la imaginería compartida de la cornamenta y el dominio sobre los animales, pero sigue siendo tema de debate entre los eruditos.

El posible vínculo entre Cernunnos y San Ciarán difumina aún más la línea entre deidades paganas y santos cristianos, sugiriendo una continuidad y adaptación de antiguas creencias a la era cristiana. Esta conexión, aunque tenue, habla de la duradera presencia de Cernunnos en el paisaje cultural y espiritual de los celtas.

A pesar de los escasos detalles y de la falta de relatos supervivientes, Cernunnos no se ha desvanecido en la oscuridad. Al contrario, ha renacido en el ámbito de la cultura pop y la práctica pagana moderna. Su poderosa y misteriosa imagen sigue cautivando la imaginación, como recuerdo de una época en la que los dioses caminaban por los profundos bosques y susurraban al viento.

Angus

Angus Og, conocido como Aonghas Òg en Escocia y Oengus en Irlanda, era una deidad famosa por su notable atractivo y complejidad. Desprende la vitalidad de la juventud y el encanto del amor, lo que lo convierte en la figura central de muchas historias. Con su cabello dorado, que reflejaba el brillo del sol, y sus ojos, que reflejaban la profundidad de los lagos más profundos, Angus Og era la encarnación de la belleza y el vigor juvenil.

En el folclore escocés, Angus Og era celebrado como el apuesto hijo de la poderosa Cailleach, que reinaba sobre los duros y mordaces meses de invierno. Esta deidad de la juventud se escondía en el reino encantado de Tír na nÓg, donde el tiempo se detenía y la edad no era más que un recuerdo lejano. Aquí, en esta tierra de eterna juventud, Angus pasaba el invierno esperando una señal que anunciara la llegada de la primavera.

Uno de esos sueños le llegó en pleno invierno. Soñó con Bridie, que aparecía como una doncella tan hermosa que su mera existencia señalaba la renovación de la tierra y el despertar de toda la vida; algunos sugieren que Bridie y la diosa Brigid eran la misma figura. Sin embargo, este sueño se vio empañado por una cruel realidad. Bridie fue apresada por la Cailleach, envidiosa de su brillo y belleza. La divina bruja del invierno pretendía retrasar la llegada de la primavera y lo hacía encomendando a Bridie tareas interminables e imposibles. Su objetivo era debilitar la luminosa presencia de Bridie, que amenazaba con acabar con su propio reinado frío y oscuro.

Impulsado por el amor y el deseo de restablecer el equilibrio de las estaciones, Angus Og le pidió prestado a agosto tres días de calor. Montado en su blanco corcel, el dios de la juventud partió atravesando el frío del invierno. Fue una carrera contra el tiempo y contra la inflexible garra de la Cailleach. Su búsqueda, a lo largo y ancho de la tierra, lo condujo al palacio subterráneo de la bruja del invierno justo cuando los primeros indicios de la primavera empezaban a despertar al mundo de su letargo invernal.

El encuentro entre los dos hermosos seres en las profundidades del reino subterráneo de la Cailleach fue un momento de despertar y cambio. Cuando los ojos de Angus y Bridie se encontraron, la tierra respondió. Las flores florecieron, la hierba se volvió verde y el aire parecía cantar con la promesa de la vida. Bridie, que antes vestía ropas raídas, ahora resplandecía con túnicas blancas adornadas con plata y embellecidas con las primeras flores de la primavera y el verano. Su unión, marcada por una gran ceremonia nupcial, simbolizaba el triunfo del amor sobre la desolación del invierno.

Sin embargo, este momento de alegría fue fugaz, ya que la Cailleach, enfurecida por la interrupción de su reinado, los persiguió con tormentas y tempestades. Montada en su oscuro corcel, la Cailleach fue un presagio de la persistente furia del invierno. La tierra se vio inmediatamente atrapada en una batalla de estaciones. Sin embargo, el tiempo no estaba del lado de la bruja divina, cuyo poder empezó a menguar. Cuando se retiró al Pozo de la Juventud para rejuvenecer, con sus fuerzas muy mermadas, sucumbió a un profundo sueño. En su ausencia, Angus y Bridie se convirtieron en el Rey y la Reina del Verano, anunciando una época de calor, crecimiento y abundante alegría.

Los hombres azules del Minch

En un tiempo muy lejano, cuando el sol escocés se ocultaba lentamente bajo el horizonte, un pequeño barco llamado el *Susurrador del Mar* zarpó de las escarpadas costas de las Hébridas Exteriores, justo al oeste de la costa continental de Escocia. Su tripulación, curtida por la sal y el rocío de muchos viajes, se dirigía a tierras lejanas, con el corazón henchido por la promesa de aventuras y el encanto de lo desconocido.

El capitán del barco, un hombre robusto con el pelo decolorado por el sol, dirigía su embarcación con mano firme. Su tripulación, una mezcla de viejos amigos y jóvenes, estaba ansiosa por demostrar su valor. Trabajaban juntos en armonía, sus risas y canciones se mezclaban con los sonidos del océano y el suave crujido del barco.

A medida que se aventuraron en las aguas profundas, un silencio se apoderó del *Susurrador del Mar*. Los avezados marineros sabían que se acercaban al Minch, una extensión de agua de la que se hablaba en tabernas y puertos. Se creía que era el hogar de los Na Fir Ghorma o los Hombres Azules del Minch. Las leyendas hablaban de estas criaturas y decían que eran seres muy parecidos a los hombres, salvo por su piel azul.

Los Hombres Azules, se decía, eran maestros del mar, capaces de conjurar tormentas con un movimiento de su mano. En tiempo de calma, se quedaban a la deriva, medio sumergidos y en un letargo tan apacible como el mar en calma. Estas criaturas nadaban con el torso por encima del agua, moviéndose con la elegancia de los amistosos delfines. Se decía que sus ojos brillaban con el conocimiento de las milenarias mareas oceánicas y el secreto de las profundidades marinas.

El capitán, con las dos manos curtidas firmemente sujetando el timón, se mantenía atento a cualquier señal peculiar procedente del océano. Según las leyendas y los cuentos, si los Hombres Azules se acercaban, su jefe les propondría un desafío: un duelo de ingenio y poesía. No responder a sus acertijos podía provocar una catástrofe y desatar la furia de las profundidades marinas.

A medida que el crepúsculo se hacía más profundo, una inquietante quietud se apoderó de las aguas. La tripulación enmudeció al sentir el repentino cambio en la atmósfera. Y entonces, como conjurados por sus propios pensamientos, aparecieron los Hombres Azules. Su piel azul resplandecía bajo la luz mortecina y sus agudos ojos, afilados como la línea del horizonte, se concentraron en el *Susurrador del Mar*.

El jefe de los Hombres Azules no tardó en aparecer, mostrando su imponente figura a los cautelosos marineros. Su profunda y resonante voz resonó a través de las olas, rebotando en el casco del barco. Gritó las dos primeras líneas de un verso críptico, lanzando su desafío directamente al capitán:

"En las profundidades donde juegan las sombras,

Donde la luz del día se desvanece...".

La tripulación contuvo la respiración, con los ojos fijos en su capitán, que se mantenía firme al timón. Su mente se agitaba, las líneas del verso giraban en su cabeza. Era consciente de que el destino del *Susurrador del Mar* y de su tripulación pendía de un hilo. Entonces, con una voz tan firme como la Estrella Polar, el decidido capitán gritó las líneas finales del verso:

"...Guardamos los secretos antiguos y profundos,

En el corazón del océano, donde duermen los sueños".

Era como si el mar contuviera la respiración. Entonces, el jefe de los Hombres Azules prorrumpió en una carcajada, un sonido que casi parecía el retumbar de un trueno lejano. Esta risa no era una burla, sino un signo de respeto, un reconocimiento al ingenio y el valor del capitán. Con una simple inclinación de cabeza, los Hombres Azules se zambulleron bajo las olas, sumergiéndose de nuevo en las profundidades, desapareciendo tan rápidamente como habían llegado.

La tripulación del *Susurrador del Mar* respiró aliviada, agradecida por la rapidez mental de su capitán y por haberlos librado de la impredecible ira del mar. El capitán, con una sonrisa tan amplia como el horizonte, se volvió hacia su tripulación, con los ojos brillantes por la emoción del encuentro.

"Esta noche brindamos por los Hombres Azules", anunció. "Por sus enigmas y los secretos del océano".

La historia de su encuentro con el Na Fir Ghorma se convirtió en una leyenda, una historia contada en voz baja alrededor de cálidas hogueras y con el tintineo de las jarras de cerveza. Esta historia del mar y sus antiguos habitantes les recordaba a todos el respeto que merecen los misterios del océano.

Capítulo 4: Las Fae y el Inframundo: Reinos diferentes

Nunca estamos solos en el mundo. El universo está lleno de misterio, y en ningún lugar es esto más evidente que en el corazón de Escocia. Según antiguas creencias, aquí, entre los cardos en flor y las colinas cubiertas de niebla, existía un mundo paralelo al nuestro, un reino impregnado de magia y misterio. Era el mundo de las Fae.

Las Fae, o hadas, no son sólo producto de la imaginación; forman parte de la mitología escocesa. Encarnan la esencia de la tierra, el susurro del viento a través del brezo y el susurro de las hojas en los antiguos bosques. Las Fae existen en un reino que se solapa con nuestro mundo, pero que permanece fuera de nuestra vista; algunos afirman que es accesible a través de antiguas colinas, senderos ocultos o en el corazón de parajes salvajes.

Algunas de las hadas más conocidas son las habitantes de las Cortes Seelie y Unseelie. La Corte Seelie, a veces conocida como las "Benditas", suele representarse como una procesión de luz brillante que se desliza por el aire nocturno. A estas hadas les encanta la música y el baile, y son conocidas por sus magníficas fiestas y celebraciones bajo el sereno cielo iluminado por la luna. Estas hadas son más activas durante la noche y, más que a menudo, sus viajes no son sólo por diversión; a menudo ayudan a los necesitados. Las Seelie aprecian mucho a los humanos y, aunque son propensas a hacer travesuras, sobre todo cuando se aburren, sus travesuras suelen ser inofensivas, reflejo de su naturaleza generalmente benévola hacia la humanidad.

El Código de la Corte Seelie es un conjunto de principios que rigen el comportamiento de sus miembros. Este código hace hincapié en lo siguiente:

1. **El honor sobre todas las cosas:** Para las Seelie, su honor es su posesión más preciada. Es incluso más importante que la vida. Una Seelie preferiría enfrentarse a la muerte antes que soportar la vergüenza de la deshonra, y se esfuerzan por no deshonrar nunca a los suyos.
2. **El amor conquista todo:** Las Seelie tienen el amor en la más alta estima, viéndolo como la expresión más pura del alma. Aunque el amor romántico es el más estimado, también valoran las amistades fuertes y las relaciones no románticas.
3. **La belleza es vida:** Para las Seelie, la belleza es primordial. Se sienten naturalmente atraídas por todas las formas de belleza y están dispuestas a luchar para preservarla, ya sea una persona, un lugar o un objeto.
4. **Nunca olvidan una deuda:** Las Seelie se toman las deudas muy en serio. Se comprometen a devolverlas, ya sean favores o desaires. Creen en devolver la amabilidad con prontitud y buscar justicia rápidamente por cualquier agravio que se les haya hecho.

La Corte Unseelie, por otro lado, es una asamblea más oscura. Conocidas como las "No Benditas", presentan un marcado contraste con sus homólogas Seelie. A menudo se las imagina como una nube oscura barriendo el cielo, con sus enervantes risas y aullidos arrastrados por el viento. A menudo se describe a las Fae Unseelie como menos humanas en apariencia, con rasgos salvajes e indómitos que reflejan su naturaleza más nefasta. Se dice que algunas tienen ojos rojos brillantes, dientes afilados y garras, un marcado contraste con la belleza luminiscente de la Corte Seelie.

Aunque algunos sugieren que las Unseelie no son intrínsecamente malvadas, es seguro asumir que están lejos de ser amables. Se inclinan por la malevolencia y a menudo buscan dañar o engañar a los humanos. Según los mitos escoceses, a veces se las describe como Seelie caídas que no cumplieron las estrictas normas de caballerosidad de la Corte Seelie. Como resultado, la Corte de las Unseelie se convirtió en un refugio para estas parias, así como para mortales esclavizados y diversas criaturas monstruosas.

El Código de la Corte Unseelie refleja su naturaleza oscura y consiste en lo siguiente:

1. **Aceptar el cambio:** Las Unseelie abrazan el caos y ven la estabilidad como una ilusión. Creen en la adaptación y la evolución para prosperar en un mundo siempre cambiante.
2. **El Glamour es Libre:** El Glamour es una magia natural de los Daoine Sidhe o las Fae. Se puede utilizar para crear ilusiones o lanzar encantamientos. Esta magia natural es una de las herramientas favoritas de las Unseelie. A diferencia de las Seelie, quienes son más cautelosas, las Unseelie utilizan este poder sin ninguna vacilación, creyendo que cualquier poder no utilizado es esencialmente desperdiciado.
3. **El Honor es una Mentira:** Las Unseelie rechazan la idea del honor, centrándose en su lugar en el interés propio. Encuentran la verdad en la búsqueda de sí mismas más que en el cumplimiento de las obligaciones para con los demás.
4. **Priorizar la pasión:** Para las Unseelie, vivir apasionadamente es la forma de vida más auténtica. Actúan según sus instintos y deseos, ignorando a menudo sus obligaciones o las repercusiones de sus actos.

Las habilidades de estas hadas son tan variadas como su apariencia. Algunas tienen el poder de cambiar de forma, adoptando formas de animales o incluso de humanos. Otras poseen magia que puede bendecir o maldecir, curar o dañar. Las hadas también son conocidas por su habilidad con las ilusiones. Son capaces de crear espejismos que pueden hacer que los ancianos parezcan jóvenes, que lo mundano parezca magnífico o incluso hacerse invisibles a los ojos humanos.

En el folclore escocés, los encuentros con las hadas suelen ser cuentos con moraleja. Uno de ellos cuenta que un joven, de camino a casa, escuchó la encantadora música de una fiesta de hadas. Atraído por la melodía, se encontró en presencia de la Corte Seelie. Se unió a su baile y, cuando por fin se marchó, descubrió que lo que parecían horas eran en realidad años. Todos sus conocidos habían envejecido o fallecido. Este cuento nos recuerda la naturaleza encantadora pero peligrosa del mundo de las hadas.

Otro cuento habla de las travesuras de la Corte de las Unseelie. Habla de un granjero que una noche se encontró con un grupo de estas malévolas hadas. Le pidieron ayuda para sus travesuras y, temiendo su ira, accedió. El granjero pasó la noche ayudando a las hadas en sus travesuras, pero al amanecer se encontró con que estaba maldito y no podía hablar de lo que había visto bajo pena de muerte. Esta historia ilustra el lado más oscuro de las Fae y su amor por el caos y el engaño.

Los escoceses también creían en el concepto del inframundo, más conocido en su vibrante folclore como el "Otro Mundo". Sin embargo, al estar envuelto en la niebla y el misterio, contrasta con las vidas posteriores más definidas de la mitología griega y egipcia.

En el inframundo griego, gobernado por Hades, los muertos emprenden un viaje final a través del río Estigia, adentrándose en un reino sombrío separado de los vivos. Se dice que este mundo subterráneo es un lugar de almas, un reino donde impera la justicia en forma de recompensas o castigos. La mitología egipcia también describe un intrincado más allá, donde los muertos atraviesan pruebas y juicios bajo la atenta mirada de Osiris, el dios de los muertos, en una tierra más allá de los vivos.

El Otro Mundo escocés no es un reino singular de los muertos. Es una dimensión etérea y paralela que coexiste con nuestro mundo, un lugar donde los límites entre lo natural y lo sobrenatural se confunden. Este reino no es sólo para los difuntos; es un misterioso dominio de las Fae, una tierra impregnada de magia y hogar de seres tan maravillosos como temibles.

A diferencia de las concepciones griega y egipcia, el Otro Mundo escocés está estrechamente entrelazado con el reino de las hadas. Es un lugar siempre presente, oculto tras antiguas colinas o velado por las brumas que a menudo cubren el paisaje escocés. Es un mundo donde el tiempo puede fluir de forma diferente, donde las leyes de la naturaleza son meras sugerencias y a menudo ignoradas por los místicos seres que lo habitan.

En el folclore escocés, ciertos presagios o señales no son necesariamente indicadores de la muerte inminente de alguien; en cambio, pueden ser una puerta a un mundo más misterioso. Estos presagios, profundamente arraigados en el folclore, sirven tanto de advertencia como de tentación, llevando a unos a su perdición y a otros a las profundidades de lo desconocido. Normalmente, los presagios son transmitidos a los mortales por criaturas y espíritus extraños e incluso terroríficos.

La historia de Bean Nighe

En una pequeña aldea enclavada a la sombra de las Tierras Altas escocesas vivía un humilde campesino llamado Aoidh. De manos callosas y corazón bondadoso, Aoidh pasaba los días cuidando de su modesta granja, viviendo una vida sencilla pero satisfecha. Sin embargo, la pacífica existencia de Aoidh estaba a punto de ser tocada por el extraño reino del mito escocés.

Una fría tarde de otoño, mientras el sol se ocultaba bajo las escarpadas colinas, pintando el cielo en tonos carmesí y dorados, Aoidh decidió tomar un atajo a casa a través del bosque. El bosque, un laberinto de árboles centenarios y hojas susurrantes, siempre había sido un lugar de paz para él. Sin embargo, aquella noche, encerraba un aire de misterio que le hacía sentir los suaves roces del terror y la incomodidad.

Mientras caminaba, acompañado únicamente por el crujido de las hojas bajo sus pies, los ojos de Aoidh se fijaron en una figura junto al arroyo, una extraña y solitaria mujer encorvada sobre el agua. Su presencia era inesperada e inquietante al mismo tiempo. Al acercarse, Aoidh vio que estaba lavando ropa y que sus manos trabajaban incansablemente en el agua fría y corriente. Pero la ropa que lavaba no era normal; estaba manchada de sangre, y el agua se volvía de un fantasmagórico rojo carmesí con cada frotado.

Aoidh se quedó clavado en el sitio, con el corazón palpitándole de miedo y una pizca de fascinación. Se dio cuenta, con un escalofrío recorriéndole la espalda, de que estaba en presencia de la Bean Nighe, la Mujer Lavadora de la tradición escocesa. Se decía que la Bean Nighe era una precursora de la muerte, que lavaba las ropas manchadas de sangre de aquellos que pronto encontrarían su fin.

Entre el terror y la curiosidad, Aoidh encontró su voz.

"¿Por qué lavas esta ropa en un lugar así y a una hora como ésta?", preguntó, con la voz apenas por encima de un susurro.

Bean Nighe se detuvo y sus manos se hundieron en el agua. Levantó la cabeza y Aoidh vio su rostro, apenado pero sereno, como si cargara con el peso de secretos inconfesables.

"Lavo la ropa de aquellos a quienes se acerca la hora", respondió, con voz casi como el susurro de las hojas. "Soy el presagio de lo que está por venir, el vínculo entre este mundo y el Más Allá".

"¿Voy... voy a morir?", tartamudeó, con un temblor en la voz.

Bean Nighe lo miró, sus ojos reflejaban una profunda sabiduría y tristeza.

"No tú, Aoidh, sino alguien cercano a tu corazón. Lo siento", dijo, con una voz teñida de una tristeza eterna.

Aoidh sintió un escalofrío que nada tenía que ver con el sereno aire otoñal. Pensó en su familia y en sus amigos. ¿Quién de ellos estaba marcado por el destino? Bean Nighe continuó lavando, y el sonido del agua parecía una triste melodía en la creciente oscuridad.

Mientras volvía a casa, el encuentro volvía una y otra vez a su mente. Ahora sabía que Bean Nighe era algo más que un mito; era un recordatorio del delgado velo que separa la vida de la muerte, una mensajera del incomprensible Otro Mundo, un lugar de misterio y encanto que estaba más allá del alcance de los vivos.

En los días siguientes, la vida de Aoidh se vio afectada por la tristeza, al hacerse realidad el presagio de Bean Nighe. Le llegó la noticia de que una joven de una aldea cercana había muerto repentinamente de una enfermedad desconocida. Esta mujer fue el primer amor de Aoidh, a la que mantuvo cerca de su corazón durante años a pesar de que sus caminos se habían separado hacía mucho tiempo. Su pérdida dejó un vacío en el corazón de Aoidh.

La historia de Cú-Sith, el lobo que trae la muerte

En otra humilde aldea enclavada entre neblinosas colinas ondulantes y bosques centenarios, un anciano estaba sentado junto a un crepitante fuego, rodeado de ansiosos rostros juveniles. Entre ellos había dos niños conocidos por sus travesuras y su curiosidad sin límites. El anciano empezó a contar una historia que se había transmitido de generación en generación: la de los Cú-Sith y los Cat Sith, misteriosas criaturas del folclore escocés.

"El Cú-Sith", empezó diciendo en voz baja, "es una bestia legendaria, un perro hada tan grande como una vaca joven, con el pelaje tan verde como las laderas cubiertas de musgo. Vaga por las tierras altas y los valles profundos, y su presencia es anunciada por tres aullidos que hielan la sangre". Los chicos se inclinaron hacia él, con los ojos muy abiertos. "Aquellos que escuchen estos aullidos deben encontrar refugio antes del tercero, pues se dice que aquellos que no lo hagan se encontrarán con un destino aterrador".

Luego habló del Cat Sith, un gran gato negro con una característica mancha blanca en el pecho. "El Cat Sith se mueve como una sombra en la noche, silencioso y vigilante. Algunos creen que es una bruja transformada o una criatura de hadas, un ser que roba las almas de los muertos antes de que puedan viajar al otro mundo".

Uno de los chicos se aferró a cada palabra con una mezcla de miedo y asombro. El otro se burló de la historia. "Sólo son cuentos para asustar a los niños", dijo con una sonrisa de satisfacción.

Al anochecer de aquel día, tras horas de jugar en el bosque, los chicos emprendieron el camino de vuelta a casa. El cielo era un lienzo de azules y morados cada vez más oscuros, y la luna colgaba como un faro plateado. Mientras caminaba, el niño creyente vio, con el rabillo del ojo, una figura felina que se movía lentamente entre los arbustos. Pensó en el Cat Sith. Así que se detuvo y miró a su alrededor, tal vez con la esperanza de poder ver al gato con más claridad. Pero la criatura no aparecía por ninguna parte; era como si se hubiera desvanecido en el aire. Suponiendo que se trataba de otro gato, el chico continuó caminando y acabó alcanzando a su amigo, que ya le llevaba varios pasos de ventaja.

De repente, la quietud de la noche se vio interrumpida por un espeluznante y sobrenatural aullido. El corazón del chico creyente dio un vuelco, sobre todo al recordar el peculiar avistamiento del gato. Su amigo, que notó que el rostro del chico creyente palidecía, estalló en carcajadas.

"Es sólo un lobo", dijo, envalentonado por su incredulidad. "¿No me digas que te crees el cuento?".

Impulsado por una mezcla de curiosidad y bravuconería, el chico escéptico se adentró en el bosque, decidido a demostrar que el aullido no era más que el de un animal salvaje. Su amigo, atrapado por las historias de antaño, se negó a seguirlo, y sus pasos se apresuraron hacia la seguridad de la aldea.

Cuando el temeroso muchacho se acercó a la aldea, un segundo aullido resonó en el bosque, más escalofriante que el primero. Vio a los aldeanos corriendo hacia sus casas, con los rostros marcados por la preocupación. Sin dudarlo, corrió hacia su hogar justo cuando el tercer aullido, un sonido que parecía llevar el peso de la fatalidad, llenaba el aire.

El chico, ya a salvo en su casa, miró fijamente a la oscuridad, pensando en su amigo. Pasó la noche y amaneció, pero el valiente muchacho no regresó. Los equipos de búsqueda peinaron el bosque. Solo sus propios ecos respondían a sus llamadas. El muchacho no aparecía por ninguna parte. Era como si hubiera desaparecido, como si hubiera sido reclamado por las mismas leyendas de las que se había burlado.

En la aldea corrían rumores sobre el Cú-Sith y la valentía del muchacho, junto con el relato del anciano que se había convertido en una sombría realidad. La historia de los dos muchachos y su encuentro con las fuerzas invisibles de la tradición escocesa se convirtió en un duro recordatorio para todos. Respeta las leyendas y los cuentos antiguos, porque en las sombras de las tierras altas escocesas, la frontera entre el mito y la realidad es tan fina como un hilo de niebla, y los seres mitológicos nunca están demasiado lejos.

El anciano volvía a contar la historia a menudo. Cada vez parecían comprenderla mejor.

"Respeten las leyendas", les decía, con una voz en la que resonaba la sabiduría milenaria de la tierra. "Nuestras historias son algo más que cuentos; son ecos de un mundo invisible, un mundo mucho más cercano de lo que creen".

El Will-o'-the-Wisp

Una tarde de otoño, un atrevido muchacho llamado Callum decidió explorar los densos bosques que bordeaban el pueblo. Callum había crecido con las historias del Will-o'-the-Wisp, un espíritu de luz parpadeante que aparecía en las zonas más desoladas del bosque. Se decía que el espíritu era responsable de la muerte de muchos aldeanos en las regiones montañosas de Escocia; a casi todo el mundo le habían hablado del peligro de seguir al will-o'-the-wisp. El espíritu no sólo podía conducir a los viajeros incautos a bosques densos, llenos de misterios y otras criaturas desconocidas, sino que también podía engañarlos para que se aventuraran peligrosamente cerca de acantilados traicioneros ocultos entre el denso follaje.

Will-o'-the-wisp y una serpiente [17]

Will-o'-the-wisp, conocido por su misterioso y engañoso brillo, tenía la habilidad de guiar a curiosos y temerarios hasta los bordes de escarpados acantilados. Envueltos por la oscuridad y la densa maleza, estos acantilados eran invisibles hasta que era demasiado tarde. Muchas de las historias que se cuentan en la aldea hablan de vagabundos que, embelesados por el resplandor del espíritu, cayeron al abismo y sus últimos momentos estuvieron marcados por la escalofriante comprensión de la engañosa luz.

Sin embargo, Callum era un ávido explorador con décadas de experiencia sobre sus espaldas. Conocía bien el lenguaje de las tierras salvajes y sabía leer las sutiles señales de la naturaleza, desde la dirección del viento hasta los patrones de las estrellas. En su fuero interno, Callum creía que sólo los tontos podían ser presa de los trucos de la voluntad de Will-o'-the-wisp. Como experto leñador, confiaba en su capacidad para atravesar cualquier terreno, por traicionero o desconocido que fuera.

Con esta confianza inquebrantable, la curiosidad de Callum por los duendes crecía cada vez más. No lo veía como una amenaza, sino como un desafío, una prueba de sus habilidades y su experiencia. Estaba seguro de que podría burlar al espíritu y descubrir los secretos que guardaba en las profundidades del desierto. Para él, las historias de espíritus que llevaban a la gente a la perdición no eran más que cuentos para crédulos e inexpertos.

Una noche de luna llena, Callum se adentró en el bosque, decidido a encontrar al escurridizo espíritu. Se movía con facilidad, sus pasos eran silenciosos y seguros y sus ojos observaban con agudeza cada detalle a su alrededor. A medida que se adentraba en el bosque, las imágenes y los sonidos que le eran familiares lo reconfortaban y reforzaban su convicción de que dominaba la naturaleza salvaje.

La determinación de Callum acabó dando sus frutos. Divisó la misteriosa luz de Will-o'-the-wisp parpadeando entre los árboles. Se movía con una gracia elegante, siempre fuera de su alcance, pero sin desaparecer nunca por completo. Emocionado, Callum siguió la luz. Se movió con cuidado pero con confianza, seguro de poder volver sobre sus pasos.

La luz lo condujo por un sinuoso sendero a través del bosque. Cruzó arroyos y atravesó densos matorrales. Los sentidos de Callum se habían agudizado y captaban cualquier sutil cambio a su alrededor. Tomó nota de los puntos de referencia y trazó mentalmente su ruta.

Pero a medida que avanzaba la noche, el bosque parecía transformarse. Los árboles parecían menos familiares, los sonidos más inquietantes, y el aire se espesó con una niebla que ocultaba la luna. Callum se dio cuenta, con una creciente sensación de inquietud, de que el paisaje había cambiado de forma imperceptible, desorientando incluso a sus experimentados ojos.

La luz de Will-o'-the-wisp, que en un principio había atraído a Callum con su misterio, ahora parecía burlarse de él con sus escurridizos movimientos. Callum siguió adelante, negándose a admitir que podía haber subestimado al espíritu. De repente, se encontró al borde de un escarpado barranco, oculto por la densa niebla y la engañosa luz. Fue en ese momento cuando Callum se dio cuenta de la verdadera naturaleza de la voluntad del susurro. No era sólo un guía físico que extraviaba a los viajeros; era también un maestro de la ilusión, capaz de alterar las percepciones y desafiar incluso al leñador más experimentado.

Con un nuevo respeto por la leyenda y sus peligros, Callum volvió cuidadosamente sobre sus pasos, utilizando todas sus habilidades para encontrar terreno conocido. Salió del bosque al amanecer, humilde y más sabio. Su encuentro con Will-o'-the-wisp le había enseñado que ni siquiera los más hábiles son inmunes a los poderes del Otro Mundo.

De vuelta en el pueblo, Callum compartió su historia, no como una historia de triunfo, sino como una lección de humildad y respeto por los antiguos misterios de la tierra. Will-o'-the-wisp siguió siendo una leyenda, un símbolo del salvaje e indómito espíritu de la naturaleza escocesa y un recordatorio de que es mejor no desafiar algunos misterios.

Capítulo 5: Fantasmas y apariciones

Edimburgo, enclavada en el corazón de Escocia, es una ciudad donde el mundo moderno se entrelaza con el pasado. En la actualidad, rebosa una mezcla de cultura contemporánea y magnificencia histórica, pero bajo su moderna fachada se esconde una historia profunda y a veces oscura.

En la Escocia medieval, Edimburgo era algo más que una ciudad: era el corazón de una nación. Los castillos, entre ellos el célebre Castillo de Edimburgo, no eran sólo residencias, sino también símbolos de poder y protección. Construido sobre una roca, el castillo dominaba la ciudad, era un guardián contra los invasores y una fortaleza para los gobernantes de Escocia. Estos castillos eran los epicentros del poder político y militar. Estaban diseñados para resistir asedios y proteger a sus habitantes del tumultuoso mundo exterior.

Castillo de Edimburgo [18]

Sin embargo, entre la historia tangible de batallas y reyes, en las calles adoquinadas y los antiguos edificios de Edimburgo perdura otro tipo de legado: el de los secretos, los mitos y las historias espeluznantes.

Entre estos secretos se encuentra una red de túneles ocultos bajo el castillo de Edimburgo. Se cree que se construyeron con fines ocultos, quizá como vías de escape secretas para la realeza o como medio para pasar desapercibidos en tiempos de guerra o agitación política. Aunque su verdadera finalidad sigue estando rodeada de misterio, el redescubrimiento de estos túneles secretos dio lugar al comienzo de una inquietante historia conocida popularmente como el fantasma del gaitero del castillo de Edimburgo.

Cuenta la leyenda que, inmediatamente después del descubrimiento de los túneles, los dirigentes de la ciudad anunciaron que necesitaban a alguien que explorara la laberíntica red. Querían desentrañar el misterio de estos pasadizos subterráneos. Así, por razones desconocidas, un joven gaitero fue elegido para llevar a cabo esta tarea. A los ojos del muchacho, su misión era sencilla: debía atravesar la red de túneles mientras tocaba su gaita para que los de arriba pudieran seguir su progreso a través de las melodías que resonaban desde abajo.

El joven gaitero se adentró en la oscuridad. La melodía que salía de su gaita resonaba por las calles, creando una atmósfera de otro mundo que cautivaba a la ciudad. La gente hacía una pausa en sus quehaceres diarios, escuchando atentamente las inquietantes notas que surgían de las profundidades. Algunos seguían el sonido, rastreando su camino a través de la ciudad, mientras que otros se encargaban de crear un mapa de los túneles basándose en la ubicación aproximada del muchacho en el interior de las calles empedradas.

Pero entonces, ocurrió algo escalofriante. En medio de su exploración, la música se detuvo bruscamente. El silencio que siguió fue ensordecedor, un marcado contraste con las animadas melodías que habían llenado el aire momentos antes. Las últimas notas se oyeron cerca de Tron Kirk. Es de suponer que se informó a los dirigentes de la ciudad. Casi de inmediato se organizó una intensa búsqueda, pero no se encontró rastro alguno del joven gaitero. Se había desvanecido, misteriosamente tragado por el laberinto bajo la ciudad. Tras su misteriosa desaparición, los túneles se sellaron como para enterrar el secreto de lo ocurrido al joven gaitero. Pero la historia no acaba ahí.

Hoy en día, se dice que el inquietante sonido de las gaitas aún puede oírse bajo las calles de Edimburgo, especialmente cerca del castillo. La música es un recuerdo inquietante del niño que nunca regresó, su espíritu parece atrapado en el laberinto, tocando la gaita en una perpetua búsqueda de una salida. Tal vez esté esperando que alguien lo rescate de su eterno encierro.

Estas melodías fantasmales no son constantes. Ocurren en momentos inesperados, provocando escalofríos a quienes las escuchan. Los susurros del pasado parecen más fuertes en la quietud de la noche. Algunos dicen que no es más que el viento, mientras que otros creen que es el fantasma del joven gaitero, que sigue vagando por los túneles, perdido y solo.

El fantasma del gaitero del castillo de Edimburgo es sólo una de las muchas historias de fantasmas del pasado de Escocia. Otro inquietante relato reside en los sombríos salones del castillo de Crathes.

Construido en el siglo XVI por Alexander Burnett, el castillo se levantó en el Bosque Real de Drum. Este clásico castillo escocés de estilo casa-torre, de imponente estructura, comenzó a construirse en 1553. Sin embargo, su finalización se retrasó, en gran parte debido a los disturbios políticos en los que se vio envuelta María, Reina de Escocia. El castillo fue finalmente terminado en 1596.

La historia del castillo de Crathes está entrelazada con la oscura y trágica historia de los Burnett de Leys. Antes de la construcción del castillo, los Burnett residían en una casa cercana a un lago, lugar que se convirtió en el escenario de un escalofriante suceso. Este suceso, marcado por la muerte y los fantasmas, alteraría para siempre el destino de la familia Burnett.

Comenzó con Alexander Burnett, un joven lord que quedó bajo la estricta supervisión de su controladora madre, Lady Agnes, tras el fallecimiento de su padre. La vida de Alexander dio un fatídico giro cuando se enamoró de Bertha, una prima lejana que había sido confiada al cuidado de su familia. Sin embargo, su floreciente amor duraría poco. Tras una ausencia, Alexander regresó y encontró a Bertha en su lecho de muerte.

En un momento de profundo dolor, Alejandro tomó una copa de vino, tal vez para compartir un último trago con su amada, pero Lady Agnes intervino. Con un rápido movimiento, le arrebató la copa de las manos y la arrojó por la ventana. Fue entonces cuando Alexander descubrió una horrible verdad: su madre había envenenado a Bertha. Lady Agnes siempre había mostrado su desaprobación cada vez que Alexander expresaba su afecto por Bertha. Se decía que tenía otro plan para su hijo: deseaba que se casara con una familia noble.

La tragedia de la casa de Loch tomó un cariz más siniestro meses más tarde. El padre de Bertha llegó con la intención de llevar a su hija a casa, pero se encontró con la triste noticia de su muerte. Mientras Lady Agnes intentaba explicarle las circunstancias, un escalofrío helador recorrió la habitación. De repente, Lady Agnes, con los ojos desorbitados por el terror, gritó: "¡Ya viene! ¡Ya viene!" y de repente cayó al suelo muerta de frío.

Acosados por los inquietantes sucesos y el espectro de la muerte, los Burnett abandonaron su antigua casa de Loch y buscaron refugio en el castillo de Crathes, con la esperanza de dejar atrás los fantasmas de su pasado. Sin embargo, los espíritus no se olvidarían tan fácilmente. Se dice que en el aniversario de la muerte de Bertha, un espíritu fantasmal conocido como la Dama Blanca hace el viaje desde la vieja casa del Loch hasta el castillo de Crathes. Algunos creen que esta figura fantasmal es Bertha, atrapada para siempre en busca de justicia y paz. Otros susurran que no es otra que Lady Agnes, condenada a revivir su traición por toda la eternidad.

El castillo de Crathes[19]

El castillo de Crathes alberga múltiples historias de fantasmas. También está el inquietante relato de la Dama Verde.

La Dama Verde es vista a menudo deslizándose silenciosamente por las habitaciones y pasillos del castillo de Crathes. Se cree que es una antigua habitante del castillo, pero su identidad se ha perdido en el tiempo. La mayoría de las veces se la ve en una habitación específica, ahora llamada la Habitación de la Dama Verde. Sus apariciones siempre van acompañadas de un repentino descenso de la temperatura y un sutil aroma a romero, una hierba tradicionalmente asociada con el recuerdo.

Cuenta la leyenda que la Dama Verde era una sirvienta del castillo de Crathes que fue víctima de un trágico destino. La versión más extendida sugiere una historia de amor prohibido y desamor. Se cree que se enamoró de un noble residente en el castillo, un amor condenado desde el principio debido a su diferente posición social. Su romance secreto acabó en tragedia cuando la joven quedó embarazada.

Enfrentada a la dura realidad de su situación y a las implacables normas sociales de la época, el destino de la Dama Verde dio un giro oscuro. Según se dice, desapareció misteriosamente y se rumorea que pudo haber sido asesinada para evitar un escándalo o que tal vez se suicidó.

Muchos años después de la misteriosa desaparición de la Dama Verde, se descubrió algo inquietante durante las obras de renovación del castillo. Los obreros descubrieron los restos óseos de una mujer y un niño ocultos tras una chimenea en la habitación de la Dama Verde. Este lúgubre hallazgo dio un aspecto inquietantemente real a las historias de fantasmas, insinuando que el inquietante espíritu de la Dama Verde podría estar vagando por el castillo, en duelo por su amor perdido y por el hijo que nunca tuvo la oportunidad de criar.

Hoy en día, el espíritu de la Dama Verde permanece en el castillo de Crathes. Los visitantes y los miembros del personal dicen ver a menudo su figura espectral. Algunos incluso dicen sentir una profunda tristeza en la habitación donde fue vista por última vez, que ahora lleva su nombre. Otros describen una extraña sensación de ser observados o de vislumbrar por el rabillo del ojo una figura vestida de verde, que desaparece en cuanto se giran para mirarla directamente. Algunos afirman también haber oído voces lejanas que les advertían de que no debían entrar en la habitación, lo que los hacía dudar y dar media vuelta.

El castillo de Hermitage

El castillo de Hermitage, enclavado en las escarpadas tierras fronterizas de Escocia, guarda entre sus imponentes muros historias de intriga, traición y susurros fantasmales. Esta imponente fortaleza, a menudo conocida como "el cuartel del valle más sangriento de Gran Bretaña", ha estado en pie desde el siglo XII.

El castillo de Hermitage en 1814 [20]

Uno de los episodios más notables de la historia del castillo tiene como protagonista a Sir William Douglas, conocido como "el Caballero de Liddesdale". En 1338, durante las guerras de la Independencia de Escocia, Douglas arrebató el castillo de Hermitage de las garras de su ocupante inglés, Sir Ralph Neville. La toma de Hermitage fue una victoria estratégica, en la que Douglas empleó una combinación de destreza militar y astucia táctica. Su éxito en estos conflictos le valió una formidable reputación y un gran respeto en Escocia, convirtiéndolo en una figura clave en la lucha contra la dominación inglesa.

Sin embargo, la historia de Sir William se vuelve más compleja y oscura con la aparición de Sir Alexander Ramsay. Ramsay, otro distinguido caballero escocés, ascendió a la fama y fue nombrado sheriff de Teviotdale, un puesto al que Douglas aspiraba desde hacía tiempo. La creciente influencia y el éxito de Ramsay, en particular tras arrebatarles el castillo de Roxburgh a los ingleses, no hicieron sino avivar la envidia y el resentimiento de Douglas.

Impulsado por los celos, Sir William Douglas concibió un siniestro plan. Atrajo a Sir Alexander Ramsay al castillo de Hermitage con el pretexto de amistad o para una reunión. Sin embargo, a la llegada de Ramsay, se revelaron las verdaderas intenciones de Douglas. Ramsay fue apresado y arrojado a una profunda y oscura mazmorra en las entrañas del castillo. Este "foso espantoso", como llegó a ser conocido, era un lugar de horrores inimaginables. Carente de luz, aire e incluso de las condiciones sanitarias básicas, era más bien una tumba viviente. Era mucho peor que las celdas que encerraban a los criminales más notorios o las guaridas que albergaban a los animales más salvajes del mundo.

En este espantoso calabozo, Sir Alexander Ramsay sufrió un destino peor que la muerte. Se lo dejó morir de hambre sin esperanza de rescate. Las condiciones eran tan terribles que se dice que recurrió a comer trozos de su propia carne antes de sucumbir al abrazo de la muerte. La trágica muerte de Ramsay fue algo más que una historia de brutal venganza; es una cruda ilustración de la despiadada e implacable búsqueda del poder entre la nobleza medieval escocesa.

El fantasmal legado de esta tenebrosa historia ha perseguido al castillo de Hermitage desde entonces. Se dice que los gemidos de angustia de Sir Alexander Ramsay resuenan por todo el castillo. Los visitantes de Hermitage han afirmado oír sonidos inquietantes que emanan de las profundidades del castillo, casi como si las propias piedras revivieran los horrores del pasado.

Sin embargo, no todas las historias de fantasmas que rodean al castillo de Hermitage son terroríficas y espeluznantes. Entre las historias del pasado del castillo hay una de amor y dedicación que involucra a uno de los personajes históricos más famosos de Escocia, María, Reina de Escocia.

La historia se remonta al siglo XVI, durante el tumultuoso reinado de María. Una de las figuras centrales de su vida fue James Hepburn, 4º conde de Bothwell, que acabaría convirtiéndose en el tercer marido de María. Bothwell, leal partidario de María, se vio a menudo involucrado en los disturbios políticos y militares de la época.

En una fatídica ocasión, Lord Bothwell resultó gravemente herido tras una escaramuza con los reivers de la frontera, una infame banda de asaltantes en la zona entre Escocia e Inglaterra. La noticia de su herida llegó a oídos de María, reina de Escocia, que en aquel momento se encontraba en Jedburgh, a unas cincuenta millas del castillo de Hermitage, donde Bothwell se recuperaba.

Al enterarse del estado de Bothwell, María tomó una audaz decisión. Decidió visitar a Bothwell. Era un viaje lleno de peligros, no sólo por la distancia, sino también por el caótico clima político y el duro terreno que tendría que atravesar. Sin desanimarse, Mary emprendió su viaje, cabalgando a través del escarpado paisaje de los Borders escoceses. Su cabalgata hasta el castillo de Hermitage se hizo legendaria por su velocidad y su determinación. María cubrió la distancia de ochenta kilómetros en un solo día, un logro impresionante dadas las dificultades de viaje de la época.

A su llegada al castillo de Hermitage, María encontró a Bothwell en un estado calamitoso, aunque, afortunadamente, sobrevivió. El viaje de regreso de Mary resultó aún más angustioso. El viaje, junto con el estrés y la tensión de la situación, afectó considerablemente a su salud.

A su regreso a Jedburgh, María cayó gravemente enferma. Desarrolló una fiebre tan severa que estuvo a punto de costarle la vida. Su visita a Hermitage, aunque breve, fue un momento conmovedor que reflejó la profunda preocupación que sentía por su futuro marido. Este acto de valentía y devoción añade una luz brillante a la historia, por lo demás sombría, del castillo de Hermitage. Hoy en día, algunos afirman haber visto las apariciones de María y Bothwell paseando por el castillo, con las manos fuertemente entrelazadas.

Mary King's Close

En el centro de Edimburgo, a lo largo de la famosa Royal Mile, se alza el Edinburgh City Chambers, un prominente y señorial edificio. Esta impresionante estructura guarda un secreto enterrado bajo sus cimientos: una red oculta de calles y casas conocida como Mary's Close.

Este barrio, construido en el siglo XVII, debe su nombre a Mary King, una conocida comerciante de la época. Su nombre quedó ligado para siempre a este rincón oculto de la ciudad, marcando un lugar que antaño bullía de vida, pero que ahora resuena con las historias de su inquietante pasado.

Mary King's Close, Edimburgo [21]

Imagina ver este barrio a través de los ojos de un joven llamado John, que vivió allí en el siglo XVII. Para él y sus vecinos, la vida en Mary's Close era una lucha diaria. Las calles eran estrechas y oscuras, con casas apiladas unas sobre otras (a veces de hasta siete pisos). Se decía que los más adinerados vivían en los pisos superiores, mientras que los menos desafortunados habitaban los pisos inferiores. En pocas palabras, Mary's Close era un estrecho laberinto de sombríos pasadizos. Aunque el lugar rebosaba vida, el aire también estaba cargado de la suciedad y el hedor de una época carente de saneamiento moderno.

En la época de John, Mary's Close carecía de un sistema de alcantarillado adecuado. Los residentes, John incluido, tenían que enfrentarse al reto diario de deshacerse de sus propios residuos. Cada hogar disponía de un cubo, que era su único medio de gestionar los residuos. Cuando el cubo estaba lleno, esperaban el grito de "¡Gardy Loo!" desde la calle. Este grito indicaba que había llegado el momento de tirar los residuos a la calle. Los residuos bajaban por las calles en pequeños canales y acababan en un gran lago artificial llamado Nor' Loch, donde ahora están los jardines de Princes Street.

Esta falta de salubridad convirtió definitivamente a Mary's Close en un caldo de cultivo para las enfermedades, y fue también aquí donde la peste negra encontró un terreno fértil en 1645. La peste arrasó las estrechas dependencias con implacable eficacia, dejando sólo un rastro de muerte y desesperación. En un desesperado y equivocado intento por detener la propagación del contagio, las autoridades de la ciudad tomaron una terrible decisión. Sellaron el vecindario, atrapando a los residentes dentro del recinto asolado por la peste.

John, junto con sus vecinos, se enfrentó a un sombrío destino cuando se levantaron los muros. Abandonado a su suerte en condiciones de horror inimaginable, Mary's Close se convirtió en una tumba para sus habitantes. Una vez que la peste remitió, la tarea de retirar a los muertos fue tan espantosa como necesaria. Se enviaron carniceros para llevar a cabo el terrible trabajo de desmembrar los cuerpos en descomposición y llevárselos.

Desde entonces, la gente ha dicho que Mary's Close se transformó en un reino de fantasmas, ya que los espíritus de quienes perecieron en tan trágicas circunstancias no descansaban en paz. La historia de Thomas Coltheart, un abogado que vivió allí más tarde, es una de las más famosas. Él y su esposa vieron cosas extrañas en su casa. Veían la cabeza de un anciano de larga barba y aterradores ojos flotando a su alrededor. A veces, aparecía una mano que intentaba estrechar la de Thomas. La visión de un niño fantasmal flotando en el aire era bastante común, mientras que deformes animales fantasmas se sumaban al espectáculo surrealista.

Sin embargo, fue el espíritu de una niña, descubierto por una médium japonesa, el que dejó un profundo impacto en la gente. La médium, abrumada por un aura pesada y depresiva, se encontró con el fantasma de una niña que había muerto a causa de la peste. No sólo lloraba su vida, sino también su muñeca perdida. En respuesta a su dolor, el equipo de televisión y los visitantes posteriores empezaron a dejarle regalos. Ahora, una colección de juguetes, muñecas, libros y monedas reposa en un rincón de la habitación, como tributo a la inocencia perdida de la niña y a la trágica historia de Mary's Close.

La creencia popular de que Mary's Close fue sellado con víctimas de la peste en su interior en 1645 es una historia que ha cautivado a muchos. Sin embargo, hay otra versión de la historia, que contradice este sombrío relato y arroja una luz diferente sobre la historia del lugar.

Contrariamente a la creencia de que el confinamiento era una tumba sellada para los residentes asolados por la peste, los registros históricos sugieren que los que estaban lo suficientemente sanos o dispuestos a mudarse fueron trasladados a Burgh Muir, una zona a las afueras de la ciudad. Para aquellos que decidieron quedarse, la vida en Mary's Close continuó, aunque bajo la oscura sombra de la peste. Estos residentes continuaron con sus rutinas diarias e incluso gestionaron sus negocios en medio de la crisis. Las casas afectadas por la peste fueron marcadas con banderas blancas, señalando la necesidad de alimentos y carbón. Este sistema permitía a los trabajadores del ayuntamiento y a los voluntarios suministrar las provisiones necesarias a aquellos que se encontraban en cuarentena.

Una figura que desempeñó un papel crucial durante esta época fue George Rae, médico de la peste conocido por sus visitas a Mary's Close. Rae, como otros médicos de la peste de su época, vestía un atuendo llamativo y un tanto extraño. Llevaba una máscara con forma de pico de cuervo y vestía de cuero de pies a cabeza. La máscara no era sólo un adorno. El pico estaba relleno de hierbas y flores de fuerte aroma, que se creía que mantenían alejadas las enfermedades transmitidas por el aire que se pensaba que propagaban la peste. En realidad, la enfermedad se propagaba por bacterias, y el atuendo de cuero de Rae lo protegía inadvertidamente de las picaduras de las pulgas portadoras de la peste.

La máscara de un médico de la peste[22]

Los métodos de Rae para tratar la peste eran tan extremos como su aspecto. Abría los forúnculos de las víctimas de la peste para drenar el pus y luego sellaba las heridas con un atizador al rojo vivo. Aunque esta técnica suena horrible, sorprendentemente salvó muchas vidas.

Debido a los peligros que entrañaba, el ayuntamiento prometió recompensas económicas a los médicos de la peste como Rae por su arriesgada labor. Sin embargo, cuando llegó el momento de pagar, el ayuntamiento rompió su promesa, dejando a muchos médicos, incluido Rae, sin recompensa por sus esfuerzos. Se cree que Rae nunca recibió el pago completo por sus heroicas acciones y vivió sus días sin el debido reconocimiento.

A pesar de los esfuerzos de Rae y otros, muchos residentes de Mary's Close sucumbieron a la peste. Sin embargo, Mary's Close nunca llegó a cerrarse, como a menudo se cree. Su historia dio un nuevo giro en el siglo XVIII con la construcción de la Royal Exchange. Esta construcción provocó la demolición y el soterramiento de parte del barrio. Sin embargo, siguió siendo accesible y en él funcionaron algunos pequeños negocios, como la serrería de la familia Cheney, que funcionó hasta 1902.

Tras la partida de la familia Cheney, Mary's Close fue finalmente sellado y olvidado, sólo para ser redescubierto años más tarde durante un proyecto de construcción de una carretera, cuando unos obreros irrumpieron accidentalmente en el lugar. Durante la Segunda Guerra Mundial sirvió de refugio antiaéreo y volvió a permanecer inactivo hasta la década de 1990. Fue entonces cuando Mary King's Close se reabrió como la fascinante atracción turística que es hoy, un lugar que sigue intrigando y atormentando a los visitantes con su controvertida y compleja historia.

Capítulo 6: Las misteriosas criaturas del folclore escocés

La historia comienza una tarde brumosa en un pequeño pueblo situado no lejos de las orillas de un tranquilo lago. Allí encontramos a un niño triste. Acaba de salir enfadado de su casa tras una acalorada discusión con su madre por su deseo de pasar la noche en casa de un amigo. Frustrado y pensando que su madre nunca lo entendería, el niño decidió calmarse caminando hasta su lugar favorito junto al lago.

Apenas llegó, el niño se sentó en la roca junto al lago, disfrutando de la paz que le ofrecía la naturaleza. Pasó casi media hora y se dio cuenta de que el cielo empezaba a oscurecerse. Cuando se levantó, preparándose para volver a casa, el niño vio algo que no había visto en su vida.

La superficie del lago se agitó y de sus profundidades emergió un majestuoso caballo. Su pelaje resplandecía como el mar de medianoche y sus ojos brillaban con una luz de otro mundo. Para el niño, el misterioso caballo no apareció como una bestia a la que temer, sino como una hermosa criatura que lo invitaba a dar un paseo. El caballo de agua, conocido como each-uisge, soltó un gruñido que resonó como una melodía lejana, incitando al niño a acercarse. El niño, aunque desconfiado, sintió una extraña atracción, una curiosidad que superaba los cuentos con moraleja con los que había crecido. En un momento de audacia, o quizá de locura, el inocente chiquillo alargó la mano y tocó a la criatura, cuyo pelaje se sentía fresco y suave en sus dedos.

Sin percibir ningún peligro, el niño montó en la bestia, con la cara llena de emoción, ya que nunca antes había montado en una montura tan magnífica. Pero la criatura tenía sus propias intenciones. Un segundo más tarde, la criatura se reveló. De repente, sus ojos se volvieron oscuros como el abismo y su suave cuerpo empezó a cambiar, volviéndose resbaladizo y húmedo. Sobresaltado por la transformación, el niño intentó desmontar a la bestia, pero sus dos manos se quedaron pegadas al pelaje mojado del caballo de agua. El niño gritó desesperado pidiendo ayuda, llamando la atención de un transeúnte que volvía del pueblo vecino, pero ya era demasiado tarde.

Con una fuerza que desmentía su grácil forma, el caballo de agua se zambulló rápidamente en las profundidades, arrastrando consigo al indefenso muchacho. El lago se agitó y agitó mientras el caballo de agua descendía, revelando su verdadera naturaleza de depredador de las profundidades. El transeúnte, testigo del incidente, no pudo hacer otra cosa que permanecer de pie junto a la orilla, con el rostro afectado por el horror y el trauma mientras los gritos del niño se desvanecían en la noche.

Cuenta la leyenda que each-uisge devoraba a sus víctimas, sin dejar nada más que el hígado flotando en la superficie. Mientras el transeúnte aguardaba con la respiración contenida, una sombría señal emergió del lago: un hígado, el último vestigio del pobre muchacho.

A partir de ese día, la historia del niño y el hígado se convirtió en una advertencia que se transmitió de generación en generación. Los padres advertían a sus hijos de los peligros que acechaban en las profundidades de los lagos y del caballo de agua que podía encantar y engañar con su belleza escondiendo una naturaleza mortal.

El supuesto esqueleto del each-uisge expuesto en el jardín de una casa de Ord [88]

Sin embargo, los lagos no eran los únicos lugares donde se aconsejaba precaución. Los escoceses estaban igualmente advertidos de los peligros que acechaban en arroyos y ríos; éstos eran los dominios de los kelpies. Estas místicas criaturas eran capaces de transformarse de su forma equina en figuras humanas, y han sido objeto de numerosos relatos. A menudo, una característica peculiar delataba su verdadera identidad: la presencia de hierbas acuáticas en su pelo, un sutil indicio de sus orígenes acuáticos.

Una de estas historias, relatada por el folclorista escocés Walter Gregor, habla de un kelpie que adoptó la forma de un anciano. A menudo se lo veía murmurando para sí mismo sentado en un puente, profundamente concentrado en coser unos pantalones. Su presencia, inquietante y fuera de lugar, despertaba sospechas entre los lugareños. Un día, un transeúnte, convencido de que el anciano era un kelpie disfrazado, le propinó un golpe en la cabeza. El golpe hizo que el kelpie recuperara su verdadera forma y huyera rápidamente a la seguridad de su guarida en un estanque cercano.

Otros relatos de kelpies con forma humana son más siniestros. Algunos describen a un hombre tosco y desgreñado que saltaba detrás de un viajero solitario, lo agarraba y lo aplastaba. Otros hablan de kelpies que despedazan y devoran a sus víctimas humanas.

Un cuento popular de Barra, una isla de la costa escocesa, ofrece una perspectiva diferente de la naturaleza de los kelpies. Esta historia gira en torno a un solitario kelpie que se transformó en un apuesto joven, con la esperanza de cortejar a una joven y convertirla en su esposa. Sin embargo, la aguda y observadora muchacha reconoció al joven por lo que realmente era. Mientras él dormía, ella le quitó el collar de plata, que en realidad era su brida, haciendo que recuperara su forma de caballo.

Los Kelpies, esculturas de treinta metros de altura en Grangemouth que representan a las míticas criaturas[24]

En lugar de temer al kelpie, la niña vio una oportunidad. Se llevó el kelpie transformado a la granja de su padre, donde lo puso a trabajar durante un año entero. Al final del año, montó en el kelpie para consultar a un sabio. Siguiendo el consejo del sabio, le devolvió el collar de plata, lo que le permitió recuperar su forma humana.

El sabio le planteó entonces una pregunta: ¿elegirías seguir siendo un kelpie o convertirte en un hombre mortal? El kelpie, a su vez, le preguntó a la niña si aceptaría ser su esposa en caso de que él fuera un hombre. Cuando ella confirmó que sí, el kelpie, sin dudarlo, tomó la decisión de convertirse en mortal. La historia termina con su matrimonio, una unión que transformó al antes solitario y potencialmente malévolo kelpie en un amoroso marido, ilustrando el poder transformador del amor y la comprensión.

Esta historia del kelpie se aleja de los relatos más comunes de una criatura maligna, ofreciendo una visión de la complejidad de estos míticos seres. Sugiere que, bajo su temible exterior, puede haber un anhelo de conexión, comprensión y, tal vez, redención, temas que resuenan profundamente en el rico folclore de Escocia.

El legendario monstruo del lago Ness

El lago Ness es una extensa masa de agua que se extiende a lo largo de 22 millas cuadradas y se sumerge a más de 750 pies de profundidad. No sólo es uno de los mayores lagos de Escocia por su volumen, sino también un tesoro de mitos y leyendas ancestrales. Su habitante más famoso, el monstruo del lago Ness, cariñosamente conocido como Nessie, ha cautivado la imaginación del mundo entero.

Lago Ness, el mayor lago de Escocia en volumen [25]

La leyenda de Nessie se remonta a tiempos remotos, y el primer avistamiento registrado se atribuye al venerado misionero irlandés San Columba en el año 565 a. C.

Según cuenta la leyenda, San Columba viajaba por las Tierras Altas escocesas difundiendo la fe cristiana entre las tribus pictas. Su viaje le llevó a las orillas del lago Ness.

Un día, cuando Columba y sus compañeros estaban cerca del lago, se encontraron con un grupo de lugareños que enterraban a un hombre a orillas del agua. Preguntaron qué había sucedido y quedaron conmocionados por la trágica historia. El hombre había estado nadando en el lago cuando, de repente, fue atacado y asesinado por una monstruosa criatura que acechaba en sus profundidades. Los lugareños hablaban de la bestia con una mezcla de miedo y temor, describiéndola como una criatura sin igual, un terror de las profundidades que se había cobrado la vida de muchos.

San Columba no se dejó intimidar por las sombrías historias y decidió cruzar el lago. Encargó a uno de sus seguidores, Lugne Mocumin, que cruzara a nado y trajera una barca del otro lado. Cuando Lugne se zambulló obedientemente en las oscuras y frías aguas, una sensación de pavor se apoderó de los espectadores, pues sabían que la bestia se ocultaba bajo el agua.

Fieles a sus temores, mientras Lugne nadaba, las aguas del lago comenzaron a agitarse. De las profundidades emergió la monstruosa criatura, con su gran cabeza y su largo cuello, que se dirigió hacia el indefenso nadador. Los espectadores gritaron aterrorizados, seguros de que Lugne correría la misma suerte que el hombre al que acababan de enterrar. Pero San Columba se mantuvo firme en la orilla, sin dar muestras de miedo. Levantó la mano y, con voz potente, invocó el nombre de Dios, ordenando a la bestia: "No vayas más lejos. No toques al hombre. Retrocede de inmediato". Ante el asombro de todos, la criatura se detuvo como golpeada por una fuerza invisible. Se dio la vuelta y desapareció en las profundidades del lago, dejando a Lugne ileso.

A menos que uno sea un verdadero creyente de Nessie, es fácil verlo como un cuento inventado para simbolizar el poder de la fe y el triunfo del bien sobre los males invisibles del mundo. A lo largo de los siglos, la leyenda de Nessie fue creciendo, con las misteriosas profundidades del lago Ness como telón de fondo perfecto para la naturaleza escurridiza de la criatura. Los antiguos pictos, conocidos por sus intrincadas tallas en piedra, representaban una misteriosa bestia con aletas, lo que sugiere que la creencia en tal criatura ha formado parte de la cultura local durante milenios.

El naturalista sueco Bengt Sjogren propuso que la leyenda de Nessie podría estar relacionada con los mitos de los kelpies, lo que sugiere un origen común en el folclore escocés. Sin embargo, otros creen que Nessie es un ser totalmente distinto. A diferencia de los kelpies que cambian de forma, Nessie suele describirse como una serpiente marina gigante que agita las aguas del lago Ness con sus movimientos.

Los relatos de testigos oculares de Nessie varían, pero una descripción común es la de una enorme criatura con dos o tres jorobas que sobresalen por encima de la superficie del agua. Sin embargo, estos avistamientos han suscitado mucho escepticismo. Los expertos sugieren que podría tratarse de ilusiones ópticas, posiblemente causadas por las olas de los barcos en la superficie del lago o incluso por pájaros u otros animales salvajes.

La imagen más aceptada de Nessie es la de un plesiosaurio, un reptil marino prehistórico. Esta imagen se popularizó gracias a varios avistamientos y fotografías notables. En 1934, Arthur Grant, un estudiante de veterinaria, afirmó haber tenido un encuentro cercano con la criatura y la describió como una criatura de cuello largo y cabeza pequeña. Este relato fue seguido poco después por la tristemente célebre "Fotografía del cirujano", que parece mostrar a Nessie con un cuello largo y una cabeza pequeña, como un plesiosaurio.

Un dibujo de Nessie hecho por Arthur Grant[26]

Sin embargo, esta teoría presenta varios problemas. El lago Ness se formó tras la última glaciación, por lo que habría sido inhabitable para un reptil prehistórico como el plesiosaurio. Además, como reptil, una criatura así necesitaría salir a la superficie con frecuencia para respirar, por lo que cabría esperar avistamientos más frecuentes de los que se han registrado.

A pesar de estas dificultades, la leyenda de Nessie sigue siendo un símbolo de misterio y fascinación. La historia del monstruo del lago Ness trasciende el ámbito del folclore y se ha convertido en un fenómeno cultural. Cada año atrae a miles de visitantes al lago Ness, que esperan ver a la escurridiza criatura.

El encanto de Nessie no reside sólo en el misterio de su existencia, sino también en la fascinación humana por lo desconocido. El monstruo del lago Ness encarna lo inexplicable y lo desconocido, alimentando nuestra imaginación e invitando a un sinfín de especulaciones y debates.

Por eso no es de extrañar que la leyenda de Nessie haya evolucionado a lo largo de los años, con numerosos engaños y expediciones científicas que han ido añadiendo capas a la historia. Desde los escáneres de sonar hasta la fotografía submarina, los esfuerzos por demostrar o refutar la existencia de Nessie no han hecho sino aumentar la intriga. Cada avistamiento inexplicable o fotografía borrosa se suma a la tradición, manteniendo viva la leyenda en los corazones y las mentes de creyentes y escépticos por igual.

Redcaps

Se dice que los redcaps, también conocidas como powries o dunters, son criaturas pequeñas, robustas e increíblemente fuertes. Habitan en los castillos y torres en ruinas de los Borders escoceses. Estos seres, descritos por William Henderson, folclorista del siglo XIX, figuran entre los más siniestros del folclore escocés.

Los Redcaps se caracterizan, por supuesto, por sus gorros rojos. Estos gorros son fundamentales para su existencia. Los gorros están teñidos de sangre humana, que los redcaps se ven obligados a reponer cometiendo asesinatos. Si la sangre del gorro se agota, se cree que el redcap morirá.

A menudo se representa a estas criaturas como hombres viejos y enjutos con garras y dientes largos y afilados. Sus ojos brillan con una luz malévola y llevan botas de hierro que tintinean siniestramente cuando se mueven. Los Redcaps son rápidos y despiadados. Son conocidos por su brutalidad y por rondar los lugares de tiranía y derramamiento de sangre.

Una de las historias más famosas de los redcaps tuvo lugar en un oscuro y ruinoso castillo de los Scottish Borders. Este castillo, antaño escenario de grandes batallas, se había convertido en la morada perfecta para un redcap. En el cuento, un viajero errante que buscaba refugio para pasar la noche tropezó con el castillo. Desconociendo a su siniestro habitante, entró en él en busca de un lugar donde descansar. Al caer la noche, el inquietante silencio del castillo se vio roto por el sonido de pesados pasos cubiertos de hierro. El viajero, lleno de pavor, se puso rápidamente en pie y se ocultó entre las sombras, observando horrorizado la aparición del redcap.

La criatura era realmente grotesca, con rasgos retorcidos y un gorro empapado en sangre fresca. Sus ojos brillaban mientras recorría el castillo en busca de su próxima víctima. El viajero, consciente del grave peligro que corría, supo que debía escapar antes de que lo descubrieran.

Cuando el redcap se acercó a su escondite, el viajero recordó una leyenda que había oído en sus viajes: los redcaps podían ser repelidos por palabras de las escrituras o por la cruz. Sin cruz en la mano, recitó versículos de la Biblia que había aprendido en su juventud. Al pronunciar las palabras sagradas, el redcap soltó un aullido furioso y retrocedió como golpeado por una fuerza invisible. Aprovechando la oportunidad, el viajero huyó del castillo sin mirar atrás, a pesar de los gritos de rabia del redcap. Corrió a través de la noche, sin detenerse hasta que el castillo quedó muy lejos.

La historia más conocida es la de Robin Redcap, el más famoso de los redcap, y su relación con Lord William de Soulis. Lord William, un noble del siglo XIII, era tristemente célebre por su brutal gobierno y su implicación en la magia negra. Era muy temido y despreciado en toda la región de Scottish Borders por su extrema crueldad. Vivía en el ominoso castillo de Hermitage, del que ya hablamos en un capítulo anterior.

Según la leyenda, Lord Soulis no estaba solo en sus nefastas actividades. Tenía un compañero a su lado, un redcap llamado Robin. A diferencia de los redcaps comunes conocidos por frecuentar castillos en ruinas, Robin Redcap estaba ligado a Lord Soulis, le servía de familiar y lo ayudaba en sus oscuros rituales. Su gorro solía estar empapado en la sangre de las víctimas de su señor, y se decía que poseía una fuerza muy superior a la que su tamaño podría sugerir.

Los lugareños creían que Lord Soulis y Robin Redcap cometían actos abominables, como el secuestro y sacrificio de niños. El reinado de terror de la pareja alcanzó su punto álgido con un oscuro plan en el que Lord Soulis, con la ayuda de Robin Redcap, pretendía someter a las fuerzas oscuras a su voluntad.

La población local decidió poner fin a la tiranía de Lord Soulis. Cuenta la leyenda que los sabios locales, sabiendo que ni el acero ni la cuerda podían matar a un hechicero, capturaron a Lord Soulis y lo hirvieron vivo en un caldero en Ninestane Rig. En cuanto a Robin Redcap, se dice que su espíritu maligno se desvaneció en el aire tras la muerte de su amo.

Se afirma que el fantasma de Sir William de Soulis sigue rondando los pasillos del castillo de Hermitage. Los visitantes del castillo han informado de sucesos espeluznantes, y algunos afirman haber oído los sollozos desgarradores de niños resonando por los pasillos en ruinas.

También se dice que el espíritu malévolo de Robin sigue rondando las ruinas del castillo de Hermitage. Los visitantes del castillo han manifestado sentir una presencia ominosa, y algunos afirman haber visto una figura pequeña y enjuta con un gorro rojo sangre que los observaba en silencio desde las sombras.

Selkies

En el panteón de las criaturas mitológicas escocesas, las selkies ocupan un lugar único. A diferencia de los brutales kelpies o los siniestros redcaps, las selkies son conocidas por su naturaleza bondadosa y benévola. Se dice que han ayudado a niños y pescadores perdidos en el mar.

Estas gentiles criaturas marinas son conocidas por su capacidad para transformarse y por sus hipnotizadoras voces cantarinas. Se dice que sus cantos, que se escuchan a menudo en las costas y acantilados de las islas Orcadas y Shetland, son tan cautivadores que pueden calmar el inquieto mar y encantar a cualquiera que los escuche.

En la tradición escocesa, la capacidad de las selkies para cambiar entre forma humana y de foca está estrechamente relacionada con su piel de foca. Una selkie debe proteger cuidadosamente su preciada piel; sin ella, es incapaz de volver a su forma original. Si la pierde o se la roban, quedará atada a la tierra y no podrá volver al mar. Cuando las selkies están en su forma humana, son famosas por su extraordinaria belleza y elegancia, y a menudo cautivan los corazones de quienes las encuentran.

Una representación de selkies en un sello procedente de las Islas Feroe [27]

El cuento más conocido sobre las selkies es la conmovedora historia de "La novia Selkie". Esta historia comienza con un pescador solitario que vivía junto al mar. Pasaba los días observando las focas a lo largo de la orilla, pero se sentía especialmente atraído por una hermosa selkie que se despojaba de su piel y tomaba el sol.

Una noche, impulsado por el deseo de compañía, el pescador se acercó sigilosamente a la selkie cuando estaba en forma humana y le robó la piel de foca. Sin ella, no podría volver al mar. El pescador, invadido por el amor y la nostalgia, le rogó que se quedara y fuera su esposa. Y así, la selkie, incapaz de regresar a su hogar sin su piel, accedió a regañadientes.

Vivieron juntos durante muchos años, y la novia selkie le dio varios hijos al pescador. Aunque era una esposa y madre cariñosa, una parte de ella siempre añoró el mar. Su corazón añoraba su verdadero hogar, y a menudo contemplaba el océano durante horas, soñando y recordando su vida bajo las olas.

Un día, una de sus hijas descubrió una piel de foca en su casa. Sin darse cuenta de su significado, la niña se la llevó a su madre. Abrumada por la alegría y la tristeza, la selkie supo que tenía que tomar una difícil decisión. Esa noche, cuando el sol se ocultó en el horizonte, se despidió de sus hijos, se puso la piel de foca y regresó al mar.

Al regresar, el pescador descubrió que su mujer había desaparecido. Buscó en vano por la orilla, llamándola una y otra vez, pero no la encontró. A partir de ese día, a menudo veía una foca que lo observaba desde las olas, sus ojos reflejaban una profunda comprensión y amor. El pescador sabía que era su amada novia selkie, que lo cuidaba a él y a sus hijos desde su hogar en el mar.

Aunque muchas historias de selkies tienen como protagonistas a seres femeninos, los selkies masculinos también ocupan un lugar importante en el folclore escocés. Los selkies masculinos suelen mostrarse irresistibles para las mujeres mortales, sobre todo para las que son infelices o añoran a sus maridos que se han hecho a la mar. Las leyendas dicen que los selkies macho se sienten especialmente atraídos por las mujeres casadas que anhelan algo más allá de sus vidas mundanas.

Según la leyenda, si una mujer desea invocar a un selkie macho, debe derramar siete lágrimas en el mar. Se dice que este acto de dolor y anhelo invoca a un macho selkie de las profundidades del océano. Él le ofrecerá el amor y la compañía que desea.

Las historias que rodean a las selkies son ricas y variadas. Algunas historias sugieren que las selkies sólo pueden mudar de piel y adoptar forma humana una vez cada siete años. Esta limitación añade una sensación de magia fugaz y rareza a sus interacciones con los humanos. Otras historias apuntan a un origen más místico de las selkies. Algunos creen que fueron humanos que cometieron pecados y fueron transformados como castigo. Otros las ven como ángeles caídos, criaturas de belleza y gracia divinas que no pertenecen ni al mundo de los humanos ni al reino de lo divino.

A pesar de todas estas interpretaciones, los temas de la transformación y el anhelo están siempre presentes. Las selkies, ya sean criaturas mágicas o humanos condenados a vivir en dos mundos, representan el eterno deseo de conexión, libertad y exploración de la verdadera naturaleza.

Capítulo 7: Brujería, magia negra y maldiciones

Hace siglos, en una pequeña aldea del este de Escocia, vivía un hombre acosado por una serie de acontecimientos desafortunados. Había perdido a su madre el invierno anterior, y a su único hijo en la primavera siguiente. Para colmo, sus cosechas se echaron a perder y su ganado enfermó. Parecía como si las desgracias lo persiguieran día y noche, proyectando una oscura sombra sobre su vida.

A medida que los días se convertían en meses, la melancolía del hombre se acentuaba. Veía cómo su vida, antes próspera, se desmoronaba a su alrededor. Pero había una presencia constante en su vida, la mujer que había estado a su lado en las buenas y en las malas: su esposa. Ella había sido una fuente de consuelo en sus horas más oscuras.

Sin embargo, el dolor puede ser un veneno que distorsiona los pensamientos y las percepciones. El dolor del hombre empezó a convertirse en sospecha y se volvió cada vez más paranoico. Se dio cuenta de que su mujer salía de vez en cuando de su tranquila casa por la noche, dejándolo solo en la oscuridad. Su mente se agitaba con pensamientos de traición y engaño, y empezó a creer que su mujer estaba involucrada en oscuras acciones.

Un día, se lo confió a sus vecinos y les contó sus sospechas en voz baja. Ellos también se habían percatado de las andanzas nocturnas de su esposa y empezaron a compartir su aprensión. Los rumores se extendieron como la pólvora por el pueblo y, al poco tiempo, todo el mundo creía que la mujer del hombre era una bruja que practicaba magia negra bajo el secreto de la noche.

Las acusaciones del hombre se hicieron más fuertes e insistentes. Proclamaba a quien quisiera escucharlo que su mujer era una bruja, capaz de maldecir la tierra y causar desgracias. Para entonces, estaba claro que su dolor lo había conducido a la locura y no podía ver la verdad. Su mujer sólo buscaba consuelo en la quietud de la noche para tratar de aliviar sus propias preocupaciones y tristezas.

Los aldeanos, influidos por las implacables acusaciones del hombre, se reunieron una fatídica noche y enfrentaron a la mujer acusada. Ella alegó su inocencia, con lágrimas en los ojos y la voz entrecortada, pero sus protestas cayeron en saco roto. El miedo y la histeria se habían apoderado de los aldeanos, que querían librar a su comunidad de la supuesta bruja.

En una caótica y sombría ceremonia, la mujer fue desterrada de la aldea, el único hogar que había conocido. La mujer miró a su marido, esperando que saliera en su defensa, pero sus ojos no mostraban remordimiento alguno. Era como si le repugnara su sola presencia. Y así, se marchó, con el corazón roto y sola, desapareciendo en la espesura del bosque sin tener a dónde ir ni a quién recurrir. Lo que le ocurrió después sigue siendo un misterio. Algunos afirman que consiguió rehacer su vida lejos del pueblo que la condenó, pero que ya no sabía sonreír ni reír. Otros sugieren que encontró la muerte en el bosque, tal vez a manos de las bestias salvajes que merodeaban por la zona.

En el folclore de los escoceses, la magia era vista como una mezcla del bien y del mal. Creían en hadas y espíritus bondadosos que podían traer suerte y felicidad, pero también albergaban un fuerte temor a la brujería y su potencial dañino.

En la Edad Media, cuando proliferaban las supersticiones, las mujeres solían ser acusadas de brujería. Esto se debía en parte a las normas sociales, ya que se consideraba que las mujeres tenían una conexión más estrecha con lo místico y lo desconocido que los hombres. Su papel de curanderas y comadronas las hacía susceptibles a las sospechas, y su conocimiento de hierbas y remedios a veces alimentaba las acusaciones de brujería.

La brujería en Escocia se caracterizaba por el uso de la magia negra para hacer daño a los demás. Se creía que las brujas obtenían sus poderes por iniciación en un aquelarre o por herencia. Se las consideraba agentes del diablo, practicantes del mal y proveedoras de hechizos malévolos.

Uno de los aspectos más escalofriantes de la brujería era la creencia de que las brujas podían utilizar objetos personales, como pelo, recortes de uñas, ropa o incluso desechos corporales, para ejercer su magia negra contra sus objetivos. Esta creencia no era exclusiva de Escocia; era común en otras partes del mundo, como Europa, África, Asia meridional, Polinesia, Melanesia y América del Norte y del Sur. Otra de las siniestras afirmaciones relacionadas con la magia negra era que algunas brujas asesinaban a niños inocentes para obtener ingredientes para sus hechizos.

Los trastornos que hoy reconocemos como psicosis posparto solían confundirse con signos de brujería o magia negra en la época medieval. Por eso, a veces se acusaba a las mujeres que mostraban síntomas de angustia mental o comportamiento errático de estar asociadas con fuerzas oscuras y con el mismísimo diablo.

También se creía que las brujas trabajaban en secreto, a menudo reuniéndose por la noche cuando los humanos normales dormían. Sin embargo, se decía que las brujas eran más vulnerables mientras dormían. También se pensaba que transgredían las normas sociales con prácticas como el canibalismo, el incesto y la desnudez abierta. Algunos incluso afirmaban que las brujas tenían asociaciones con ciertos animales, sugiriendo que podían transformarse en estas criaturas o que tenían animales ayudantes que las ayudaban a completar su siniestro trabajo.

La nigromancia, la más oscura de todas las prácticas de magia negra, también era atribuida a las brujas. Consistía en comunicarse con los muertos e invocar espíritus oscuros. Era una idea aterradora que inspiraba miedo en muchos.

Sin embargo, era posible buscar protección contra los malignos poderes de estas malvadas brujas. Se creía que estas personas especiales, a las que se denominaba "gente astuta", poseían la capacidad de lanzar hechizos protectores. A menudo se los buscaba, sobre todo si se deseaba frustrar la magia negra que pretendía hacerles daño. Los amuletos, talismanes y amuletos eran los objetos más utilizados para protegerse de la brujería. Las marcas antibrujas, símbolos o dibujos inscritos, solían tallarse en los edificios para ahuyentar la magia maligna. Las botellas de brujas, que contenían cosas como alfileres y orina, se enterraban para alejar las maldiciones. Además, a veces se ocultaban en las paredes de los edificios objetos como cráneos de caballo como símbolos protectores.

Cuando una persona estaba segura de haber sido hechizada o maldecida por una bruja, buscaba diversos medios para liberarse de la maldición. Aparte de consultar a los astutos, algunos creían que otra cura para el embrujamiento era persuadir u obligar a la supuesta bruja a levantar su hechizo. Sin embargo, en épocas más oscuras, la gente intentaba frustrar la brujería castigando físicamente a la acusada. El destierro, las heridas, la tortura e incluso la ejecución eran vistos como formas de limpiar a la comunidad de este mal percibido.

Esta atmósfera de miedo y paranoia condujo a un periodo de la historia conocido como la caza de brujas. Muchos individuos, en su mayoría mujeres, fueron acusados de brujería y sometidos a juicios que a menudo terminaron con la muerte. La mayoría de las veces, las acusaciones de brujería eran un chivo expiatorio conveniente para cualquier molestia o desgracia que aquejara a una comunidad. Cuando se producían plagas, enfermedades, hambrunas u otras calamidades, la gente señalaba con el dedo a las supuestas brujas, culpándolas de las aflicciones y tachándolas de agentes del diablo.

La caza de brujas en Escocia fue un capítulo oscuro y perturbador de su historia, marcado por el miedo, la paranoia y la persecución de cientos de inocentes. Las raíces de la caza de brujas escocesa se remontan al reinado de Jaime V.

De niño, el rey Jaime V había sido encarcelado por su padrastro, Archibald Douglas, 6to conde de Angus. Su huida del cautiverio le dejó un ardiente deseo de venganza, no sólo contra Douglas, sino también contra su extensa familia, incluida su hermana, Janet Douglas, Lady Glamis. En 1537, Jaime arrestó a Janet, acusándola de brujería y de preparar pociones en una conspiración para asesinarlo.

Los cargos contra Janet se basaban en gran medida en rumores y en el deseo de venganza. Ni siquiera aquellos que la conocían estaban a salvo; eran torturados sin piedad y obligados a dar a conocer cualquier supuesta prueba que pudiera cimentar la caída de Janet. El 17 de julio de 1537, en un trágico y brutal suceso, Janet Douglas fue quemada viva en Castle Hill, en Edimburgo, y su propio hijo se vio obligado a contemplar la aterradora escena.

Este suceso marcó el comienzo de una época oscura en la historia de Escocia, en la que las acusaciones de brujería se hicieron cada vez más comunes y a menudo desembocaron en truculentos desenlaces. La paranoia en torno a la brujería nunca remitió, sino que se intensificó con el paso de los años.

Uno de los episodios más notorios de los juicios de brujas escoceses fue el de North Berwick, a finales del siglo XVI. El rey Jaime VI, que era profundamente supersticioso y se consideraba el mayor enemigo mortal del diablo, examinó personalmente a los acusados. Incluso escribió un libro sobre el tema titulado *Daemonologie*, que alimentó aún más la histeria en torno a la brujería.

Ilustración de un juicio por brujería en el siglo XIX [38]

En los juicios por brujería de North Berwick, un grupo de personas, principalmente mujeres de East Lothian, fueron acusadas de reunirse con el diablo y conspirar para conjurar tormentas que matarían al rey Jaime VI y a su esposa, la reina Ana, a su regreso de Dinamarca. Como de costumbre, los acusados fueron sometidos a duros interrogatorios y brutales torturas, incluida la privación del sueño y otras formas de tormento, para arrancarles confesiones.

Mujeres acusadas de brujería arrodilladas ante el rey Jaime durante los juicios por brujería de North Berwick [29]

Nadie podía vivir en paz durante esta traumática época, ni siquiera los más inocentes. La mera presencia de marcas de nacimiento o características físicas inusuales era a menudo considerada prueba de brujería. Muchos individuos fueron capturados, juzgados y ejecutados bajo la sospecha de ser brujos.

Otra famosa cacería de brujas fue la Gran Cacería de Brujas de Escocia de 1649-1650. Los años que condujeron a este oscuro episodio distaron mucho de ser pacíficos. El pueblo escocés estaba desgarrado por conflictos religiosos y políticos y se vio profundamente afectado por las guerras de los Tres Reinos. Este turbulento ambiente creó un terreno fértil para las acusaciones de brujería.

Era frecuente ver a la gente señalándose con el dedo, afirmando que habían hecho pactos con el diablo y que eran capaces de ejercer poderes oscuros para hacer daño a su ya perturbada comunidad. El miedo y la desconfianza eran moneda corriente. Familias y amigos se dividieron, y la desconfianza se apoderó de los corazones de la gente.

Para buscar a estas supuestas amenazas, el Parlamento escocés nombró comisionados especiales conocidos como "pinchadores de brujas". Estos individuos afirmaban tener la extraña habilidad de identificar a las brujas mediante exámenes físicos. A menudo, examinaban meticulosamente el cuerpo de la persona acusada en busca de cualquier mancha inusual en la piel, lunares, marcas de nacimiento u otras marcas que creían que podían ser marcas del diablo. Cualquier irregularidad en la piel podía interpretarse como prueba de brujería. Los pinchadores de brujas también utilizaban diversos objetos punzantes, como agujas, alfileres o punzones, para pinchar la piel de la persona acusada. Creían que la marca del diablo sería insensible al dolor y no sangraría al pincharla.

Una vez acusados, era cuestión de segundos antes de que se produjeran horrores indescriptibles. Se utilizaban la privación del sueño, las ataduras e incluso las temidas pruebas de "natación". En la prueba de natación, se desnudaba a la acusada y se la ataba, con el pulgar derecho atado al dedo gordo del pie y el pulgar izquierdos atado al dedo gordo del pie derecho, para impedirle nadar. A continuación, se la introducía en una masa de agua. Si la acusada flotaba, se la consideraba bruja, ya que se creía que el elemento puro del agua la rechazaba debido a su conexión con el diablo, y su destino estaba sellado. Si se hundía, se la consideraba inocente porque el agua la había aceptado. Sin embargo, a menudo tenían un final trágico bajo la superficie del agua si no eran rescatadas a tiempo.

Los líderes religiosos también desempeñaron un papel importante a la hora de avivar las llamas de la caza de brujas. En 1649 se aprobó una nueva Ley de Brujería. Algunos ministros y clérigos predicaron sermones que reforzaban la creencia en la brujería y la necesidad de erradicarla. El fervor religioso de la época sólo sirvió para aumentar la histeria en torno a los juicios de brujas.

La Gran Caza de Brujas escocesa de 1649-1650 se saldó con un importante número de ejecuciones. Se calcula que más de trescientas personas, en su mayoría mujeres de baja condición social, encontraron su destino como brujas durante este oscuro periodo.

Con el paso del tiempo, el panorama político cambió y las autoridades se centraron en otros asuntos. A mediados de la década de 1650, el clamor por los juicios de brujas empezó a remitir, aunque de vez en cuando se producían brotes locales. Un caso trágico que destaca durante este periodo es el de Lilias Adie, de la localidad de Torryburn, en 1704. Acusada de brujería, Lilias fue sometida a brutales interrogatorios y torturas. La incesante presión la llevó finalmente a confesar que había interactuado con el diablo, que había asistido a reuniones con otras brujas e incluso que había mantenido relaciones carnales con el mismísimo diablo. Las autoridades la presionaron para que revelara los nombres de las otras brujas, pero Lilias murió antes de poder ser juzgada.

Como Lilias murió antes de ser condenada formalmente, su cuerpo no pudo ser quemado en la hoguera. Sin embargo, la comunidad seguía convencida de su culpabilidad y temía que el diablo pudiera reanimar su cadáver. Para evitarlo, Lilias fue enterrada de una forma peculiar: entre la pleamar y la bajamar de la playa, un lugar que no era ni tierra ni mar. Se colocó una pesada losa de piedra sobre su tumba para asegurarse de que su inquieto espíritu nunca tuviera la oportunidad de resucitar del inframundo.

Las últimas ejecuciones de brujas registradas en Escocia se produjeron en 1706. El último juicio tuvo lugar en 1727. Sin embargo, estos oscuros episodios de injustos juicios nunca se olvidan, sino que sirven como sombría lección de historia.

Reconociendo los agravios cometidos contra los acusados de brujería, el gobierno escocés se disculpó formalmente en 2022. Se han erigido varios monumentos en recuerdo de las víctimas. En la explanada del Castillo de Edimburgo se encuentra el Pozo de las Brujas, un monumento a quienes sufrieron durante la caza de brujas. La Ruta de las Brujas de Fife es también un emotivo recordatorio de las historias y vidas trágicamente alteradas por el miedo y la histeria que rodeaban a la brujería.

Las maldiciones en los cuentos populares escoceses

Aunque la antigua caza de brujas ya forma parte de la historia, el miedo a las maldiciones sigue presente en algunas personas. Se cree que las maldiciones son pronunciadas por individuos poderosos, normalmente movidos por emociones como la ira, la traición o el deseo de venganza. Se cree que estas maldiciones tienen el poder de moldear el destino, influir en el futuro y traer la calamidad a quienes provocan su ira.

La creencia en las maldiciones suele girar en torno a la idea de que la energía negativa puede ser canalizada a través de palabras o rituales, causando desgracias al individuo maldito o a sus descendientes. Se dice que algunas maldiciones perduran durante generaciones, ensombreciendo a familias enteras o incluso a comunidades. Una de estas historias tuvo lugar en el pueblo de Lochbuie. Este relato, recogido por el folclorista escocés John Gregorson Campbell, cuenta la historia de unas hermanas, secretos y el poder de una maldición.

Según la historia, la hermana mayor destacaba por su belleza y amabilidad. Su encanto y calidez atraían la admiración de muchos, lo que le valió el nombre de Lovely Mairearad. Su hermana, Ailsa, era de menor tamaño, aunque poseía la misma bondad que su hermana mayor. Sin embargo, fue su gran devoción por Mairearad lo que le valió a Ailsa su apodo; los aldeanos la llamaban a menudo Ailsa la Calabaza.

Un día, un descarado muchacho y su grupo de amigos pasaron por allí y acosaron a Ailsa sobre el amor de Mairearad. Sus interminables preguntas pusieron a Ailsa al borde del abismo, y ella espetó: "¡Mi hermana tiene un amante hada, más guapo que cualquiera de ustedes!". Inmediatamente estallaron las risas, pero Ailsa, llena de fastidio, los retó a visitar su cabaña al anochecer.

Los muchachos, atraídos por la promesa de entretenimiento, siguieron a Ailsa. Para su asombro, apareció un hada de verdad. Los pájaros dejaron de cantar y las nubes se detuvieron. Sabiendo que los mortales lo habían descubierto, desapareció tan rápido como había aparecido, dejándolos completamente asombrados. Sin embargo, la respuesta de la encantadora Mairearad destrozó su alegría. Se lamentó, habiendo advertido a Ailsa que nunca revelara su secreto para no ser abandonada por su hada amante.

Desde aquel día, Mairearad se convirtió en un alma errante, rehuyendo las casas y las palabras amables. Los aldeanos, desesperados, intentaron reconciliar a las dos hermanas, pero lo único que oían eran las crueles maldiciones de Mairearad, que presagiaba venganza contra los descendientes de Ailsa:

"Si un hada posee en verdad un poder de otro mundo, consígueme mi venganza, pero que sea sobre sus descendientes".

Ailsa pasó un año intentando reparar su vínculo, pero no tuvo éxito. Se retiró al norte de la isla, donde se casó y tuvo un hijo llamado Torquil, que heredó la belleza y el encanto de Mairearad. Torquil poseía algo más que su bella apariencia; también era conocido por sus excepcionales habilidades para la siega. Algunos afirmaban que podía cosechar tanto como siete hombres. A menudo desafiaba a los aldeanos durante la cosecha, presumiendo de su talento como el mejor segador de la zona.

Sin embargo, un día, una dama llamó la atención de Torquil. Esta misteriosa mujer, conocida entre los aldeanos como la Doncella del Mojón, poseía una habilidad para la siega que igualaba la de Torquil. Por supuesto, Torquil, en su orgullo juvenil, se sintió desafiado por la misteriosa dama. Así que tomó su hoz y se unió a ella en el campo, convencido de que podría superarla fácilmente.

Pero mientras trabajaban codo con codo, Torquil pronto se dio cuenta de que la Doncella no era una mujer corriente. Parecía deslizarse entre los tallos de grano, moviendo su hoz con una gracia de otro mundo. Torquil luchaba por seguirla. Le temblaban las piernas y el agotamiento le oprimía el pecho.

De repente, en medio de su competición de siega, la Doncella pronunció unas palabras de advertencia.

"Cosechar a la doncella de la cosecha es algo maligno el lunes temprano".

Según las creencias escocesas, la doncella de la cosecha es una muñeca especial, una representación del último manojo de grano que marca el final de la temporada de cosecha en Escocia. Pero Torquil, en su afán, cometió un grave error. Cortó a la doncella de la cosecha demasiado pronto. Este acto se consideró de mala suerte. Enfureció a los espíritus y seres mágicos que se creía protegían las cosechas. Se ofendieron y desataron su ira contra Torquil.

Y así, la vida de Torquil terminó en el mismo campo que pretendía conquistar. La Doncella desapareció y el deseo, o más bien la maldición, de Mairearad se hizo realidad: la familia de su hermana tuvo un trágico final.

Por supuesto, el mundo de las maldiciones no se limita a un pasado lejano. A veces se cuela en nuestras vidas, incluso en épocas más recientes. Otra escalofriante historia tuvo lugar en la década de 1930. Comenzó con un respetado barón escocés llamado Sir Alexander Seton y su esposa, que se embarcaron en un viaje a Egipto, una tierra rica en misterios antiguos.

Se dice que su aventura egipcia los llevó al templo de Luxor. A pesar de la estricta prohibición de sacar nada de las tumbas sagradas, Lady Seton no pudo resistir la tentación. Tranquilamente, arrancó un pequeño hueso como recuerdo de sus exóticos viajes y se lo llevó a su gran casa de Learmonth Gardens, en Edimburgo. Esta misteriosa -o más bien maldita- pieza de hueso fue expuesta en una vitrina guardada en su lujoso comedor. Este acto aparentemente inocente desencadenó sin querer una serie de acontecimientos de los que pronto se arrepentirían.

A su regreso, comenzaron a producirse extraños e inquietantes sucesos. Misteriosos golpes resonaban por toda la casa y los muebles aparecían desordenados, como movidos por manos invisibles. Los adornos yacían destrozados en habitaciones que momentos antes habían estado vacías. La propia Lady Seton cayó repentina e inexplicablemente enferma, y su dolencia desconcertó incluso a los médicos más expertos.

Una y otra vez, la familia se vio asediada por extraños sucesos que desafiaban toda explicación. Pero lo más inquietante de todo fue la aparición que se manifestó en la casa: una espeluznante figura envuelta en una larga túnica. Esta fantasmal presencia apareció ante múltiples testigos, tanto residentes como visitantes. Los sirvientes de la casa, abrumados por el miedo, buscaron desesperadamente empleo en otro lugar, no dispuestos a soportar la atmósfera inquietante un día más.

En un intento por librarse de esta maldición, Sir Alexander prestó el hueso a un amigo científico. Para su asombro, las perturbaciones fantasmales cesaron en Learmonth Gardens, pero resurgieron en casa del científico. Las inquietantes historias pronto llegaron a las multitudes, atrayendo la atención incluso de los periódicos de Edimburgo, que más tarde bautizaron las perturbaciones fantasmales como "La Maldición del Faraón".

En un intento de aliviar a su amigo del tormento, Sir Alexander Seton retiró el hueso y lo devolvió a Learmonth Gardens. Una vez más, la casa pareció cobrar vida con fenómenos inexplicables. Incluso el propio Sir Alexander cayó enfermo.

Al final, en busca de consuelo y liberación, Sir Alexander acudió a un sacerdote. Desenterró el hueso y, en un ritual de fuego purificador, lo redujo a cenizas. Con la destrucción del hueso, la maldición fue finalmente levantada, y la atormentada casa fue liberada de sus malévolas garras.

Capítulo 8: Amor y traición: Las sagas de Escocia

Además de las historias de criaturas mágicas y seres malignos que intervienen en la vida de los mortales, el folclore escocés es muy apreciado por sus historias de amor y sus sagas. Estos relatos, que a menudo entrelazan temas de belleza, tragedia y destino, tocan la fibra sensible de los escoceses, haciéndose eco de su afición por las historias que reflejan las complejidades del corazón humano y los dramáticos paisajes que los rodean. Una de estas historias, que se transmitió de generación en generación, es la de Deirdre, ambientada durante el reinado de Conchobar, rey del Ulster.

Comenzó en Irlanda cuando el rey asistió a una fiesta en casa de Felimid el Herrero. En medio de la celebración, se produjo un incidente que llevó al druida Cathbad a hacer una profecía sobre la hija no nacida de Felimid, Deirdre. Cathbad predijo que Deirdre crecería y se convertiría en una mujer de belleza incomparable. Felimid y su esposa se alegraron mucho al oír esto, pero sus expresiones cambiaron inmediatamente cuando el druida hizo otra observación.

"Pero todo lo excesivo nunca trae nada bueno. Es cierto que su hija será la más bella de todas, pero su vida también estará marcada por la tragedia y el dolor. Nuestro pueblo pronto estará dividido. Los hermanos lucharán entre sí, con la esperanza de ganarse el afecto de la querida Deirdre".

Al escuchar las palabras de Cathbad, los hombres de la Rama Roja, los guerreros de élite del Ulster, temieron el caos que podría traer la belleza de Deirdre y exigieron que mataran a la niña. Sin embargo, el rey Conchobar, que siempre quiso ser visto como un gobernante sabio y misericordioso, se negó. Declaró que tomaría a la niña cuando naciera y la criaría en secreto. Si se convertía en la belleza que Cathbad había predicho, Conchobar declaró que se casaría con ella, colocándola en una posición tan elevada que ningún hombre se atrevería a mirarla.

Y así, fiel a la profecía, Deirdre nació con una belleza que prometía eclipsar a todas las demás. Y tal como Conchobar había planeado, fue puesta bajo el cuidado de una enfermera llamada Leabharcham y escondida en un valle apartado, lejos de las miradas indiscretas del mundo. Allí, Deirdre creció bajo la vigilancia protectora de Leabharcham, completamente aislada del mundo exterior. Conchobar sentía curiosidad por su futura esposa y la visitaba periódicamente. Nadie más podía ver a Deirdre, salvo un anciano que cuidaba el valle. Sin embargo, el anciano era mudo, por lo que el secreto de su existencia permanecía a salvo.

Un fatídico día, la historia dio un giro dramático. Cuando Deirdre se acercaba a la edad adulta, un incidente despertó un profundo anhelo en su corazón. Leabharcham hizo que el anciano sacrificara un ternero. La sangre derramada sobre la nieve atrajo a un cuervo. Deirdre, que había estado observando el incidente muy de cerca, quedó cautivada por el contraste de las plumas negras del cuervo con la nieve roja como la sangre y el suelo blanco puro. Ese momento la llevó a darse cuenta de repente. Proclamó que sólo se enamoraría de un hombre que tuviera el pelo tan negro como las plumas del cuervo, la piel tan blanca como la nieve pura y las mejillas tan rojas como la sangre sobre la nieve.

Anhelante de amor, Deirdre le preguntó a su cuidadora si conocía a algún hombre que se ajustara a su descripción. Al principio Leabharcham dudó, pero nunca podía ignorar a Deirdre durante demasiado tiempo. La protectora cuidadora le informó de un hombre en particular que respondía al nombre de Naoise. Sin embargo, Leabharcham le advirtió estrictamente que sólo observara al hombre desde la distancia. Al fin y al cabo, era uno de los tres hijos de Uisneach, guerreros de renombre y alto estatus. Deirdre fue educada para creer que era una plebeya. Una unión así podría atraer mucha atención y un peligro potencial.

Un cuadro de Deirdre de principios del siglo XX[80]

Deirdre estuvo de acuerdo. Así que, un día, se escondió entre los arbustos, observando a Naoise y a sus hermanos desde lejos. En cuanto vio al hombre, Deirdre supo que era la encarnación del deseo de su corazón. Embelesada, se olvidó por completo de su promesa. Saltó de su escondite y se enfrentó a Naoise, suplicándole que huyera con ella. Naoise, que sabía que Deirdre debía casarse con el rey Conchobar, rechazó inicialmente su petición, pero Deirdre ya tenía un plan en mente. Puso un geis -un voto mágico imperativo- sobre Naoise, atándolo a su voluntad.

Deirdre y Naoise, junto con sus hermanos, huyeron a Escocia. Llevaban una vida retirada en lo profundo de los bosques, lejos de los ojos del mundo y especialmente del rey del Ulster, que estaba furioso con su fuga. Naoise y sus hermanos juraron servir al rey escocés, pero Deirdre pronto se dio cuenta de que el rey la codiciaba para sí. El rey escocés, consciente de que no podía matar a los hermanos sin más, los colocó en primera línea de todas las batallas, con la esperanza de que acabaran cayendo. Sin embargo, su destreza como guerreros los mantenía a salvo. Deirdre, al ver el peligro, persuadió a Naoise para que huyera a tierras más salvajes. Finalmente se establecieron en una remota isla cerca de la escuela de entrenamiento de la guerrera Scathach y vivieron allí durante muchos años.

De vuelta en la capital del Ulster, Emain Macha, Fergus Mac Roich, un noble de la Rama Roja, fue el único lo bastante valiente como para contarle a Conchobar lo de los hijos de Uisneach. A pesar de la furia de Conchobar cada vez que se mencionaba la traición de Naoise, Fergus, que apreciaba a los hermanos, abogó incansablemente por su perdón. Finalmente, Conchobar cedió y le permitió invitarlos de nuevo bajo su protección.

Así que, sin demora, Fergus viajó a Escocia y compartió la feliz noticia con los hermanos. Estaban encantados con la perspectiva de volver a Emain Macha y juraron no comer ni dormir hasta que estuvieran en casa. Sin embargo, durante el viaje de regreso, Deirdre se afligió por las tierras escocesas que había llegado a amar, cantando un lamento por las montañas y los lagos que habían sido su refugio.

Sin que Fergus y los hermanos lo supieran, el rey Conchobar no estaba dispuesto a dejar atrás el pasado. Fergus Mac Roich llevaba mucho tiempo sometido a un geis, por el que tenía prohibido rechazar una invitación a un festín de cerveza. El rey Conchobar era consciente de esta vulnerabilidad, e invitó astutamente a Fergus a una fiesta de borrachera, obligándolo a abandonar su deber de proteger a Deirdre y a los hijos de Uisneach. Deirdre, ya ansiosa por su regreso al Ulster, se volvió cada vez más cautelosa. Le suplicó a Fergus que no los abandonara, acusándolo de cobardía por abandonar a los hombres bajo su protección. Desgraciadamente, obligado por su geis, Fergus no tuvo más remedio que asistir al festín. Sin embargo, confió la seguridad de Deirdre y de los hijos de Uisneach a su hijo Fiachu antes de partir.

Así pues, el viaje continuó. Al llegar a Emain Macha, no fueron recibidos por el rey Conchobar, sino por Leabharcham, el antiguo cuidador de Deirdre. Siempre protector con Deirdre, Leabharcham le aconsejó a Naoise que ocultara la belleza de Deirdre de miradas indiscretas, con la esperanza de que nadie se percatara de su regreso. Conchobar, que seguía luchando contra sus sentimientos por Deirdre, acabó preguntando por su aspecto. Leabharcham decidió engañar al rey y la describió como una sombra demacrada de lo que había sido.

Al principio, Conchobar creyó las palabras de Leabharcham, y sus celos disminuyeron, sustituidos por el deseo de reintegrar a los hijos de Uisneach a su servicio. Sin embargo, pronto dudó de la afirmación de Leabharcham, pues sabía que la cuidadora haría cualquier cosa para proteger a su protegida de cualquier daño. Así que, para descubrir la verdad, el rey envió a un espía para averiguar la verdadera apariencia de Deirdre. A su regreso, el espía confirmó que Deirdre seguía siendo la mujer más bella de Irlanda. Los celos y la ira de Conchobar se reavivaron, lo que lo llevó a ordenar un ataque contra Naoise y sus hermanos.

La Rama Roja dudó. Mientras algunos obedecían al rey, otros se negaban a volverse contra sus antiguos camaradas. Sin embargo, se libró una batalla. En el caos que siguió, Fiachu Mac Roigh, hijo de Fergus, luchó valientemente contra el hijo de Conchobar Mac Neasa en combate singular. Fiachu cayó durante el duelo, y el hijo de Conchobar encontró la muerte poco después.

Al ver que sus hombres flaqueaban, Conchobar pidió ayuda al druida Cathbad. Cathbad accedió a ayudar con una condición: Conchobar debía prometer que no mataría a los hijos de Uisneach. Conchobar aceptó, declarando que sólo buscaba una disculpa de Naoise. Así, con la ayuda del druida, el curso de la batalla cambió. Sin embargo, Conchobar, obligado por su promesa a Cathbad, utilizó a Maigne Rough Hand, el hijo del rey de Noruega, para ejecutar su venganza. Al final, Naoise y sus hermanos encontraron su destino; los tres fueron decapitados por Maigne Rough Hand.

Al enterarse de que nunca volvería a ver al amor de su vida, Deirdre se sumió de inmediato en la desesperación. Rechazó las insinuaciones de Conchobar a pesar de sus intentos de cortejarla con riquezas y estatus. Después de un año de su firme negativa, Conchobar se irritó. Así que ideó un cruel plan. Primero le preguntó a Deirdre a quién despreciaba más que a él, a lo que ella respondió: a Maigne Rough Hand, el asesino de Naoise. Aprovechando esto, Conchobar decidió entregar a Deirdre a Maigne durante un año, sugiriéndole que Maigne podía hacer con ella lo que quisiera.

"A ver si cambias de opinión sobre mí en cuanto te ponga las manos encima", le dijo Conchobar.

Deirdre fue enviada lejos en el carro de Maigne. Sin embargo, Deirdre tenía un último acto de desafío que mostrar. Se dice que cuando el carro pasó por un acantilado, Deirdre se asomó y se golpeó la cabeza contra las rocas, poniendo fin a su propia vida.

Deirdre fue enterrada en Emain Macha, cerca de las tumbas de Naoise y sus hermanos. En un último acto de rencor, Conchobar colocó estacas de madera entre las tumbas de los dos amantes, con la intención de separarlos incluso después de muertos. Sin embargo, la naturaleza tenía su propio plan. Estas estacas acabaron echando raíces y crecieron hasta convertirse en dos árboles que se entrelazaron, simbolizando el amor eterno entre Deirdre y Naoise, un amor que ni siquiera la muerte ni la envidia de un rey podrían mantener separado.

Tomás el Rimador y la Reina de la Tierra de los Elfos

Aunque es bastante común que los cuentos de amor acaben en tragedia, la historia de Tomás el Rimador y la Reina de la Tierra de los Elfos rompe este molde de forma cautivadora. No es una historia de dolor y pérdida, sino de asombro, profunda conexión y un amor que trasciende las fronteras de mundos diferentes.

Algunos creen que Tomás el Rimador fue una persona real, aunque sería más seguro llamarlo una figura semilegendaria (una persona real cuya historia de vida se encuentra principalmente en el reino del mito). Se dice que vivió en el siglo XIII. Sus primeros años de vida están rodeados de misterio, pero cabe suponer que era un hombre corriente, al menos antes de su encuentro con la majestuosa Fae. Esta historia en particular comenzó en el pueblo de Erceldoune, en medio de las ondulantes colinas cercanas a los Borders escoceses. El corazón de Thomas anhelaba la poesía del mundo natural, y a menudo vagaba por el campo. Sus paisanos podían verlo paseando tranquilamente por el cauce del río, con los pasos guiados por los susurros del viento y los apacibles cantos de los arroyos.

Un buen día, quizás algo cansado tras explorar la naturaleza, Thomas se encontró descansando bajo un viejo árbol. Sus ramas estaban repletas de flores: era el comienzo de la primavera. Muchos lo conocían como el Árbol de Eildon. Allí se sentó durante horas. Perdido en sus pensamientos, su mente jugaba con la poesía y los versos. Fue entonces cuando Thomas sintió de repente un cambio en su entorno. El aire que rodeaba a Thomas brillaba con una luz extraña y etérea, y el sonido de campanillas de plata bailaba en la brisa.

El primer encuentro de Thomas el Rimador y la Reina de la Tierra de los Elfos[31]

Del corazón de este resplandor de otro mundo surgió una visión que trascendía los límites de la comprensión mortal. Un caballo, blanco como la leche o incluso la nieve, llevaba sobre su lomo a una dama de belleza tan resplandeciente que parecía que la esencia misma del bosque había tomado forma. Vestida con un traje del verde más intenso y adornada con joyas que brillaban como gotas de rocío bajo el sol de la mañana, era una visión encantadora. No era una doncella mortal, sino la mismísima Reina de la Tierra de los Elfos.

Sus ojos se encontraron, y en esa mirada se forjó una conexión más profunda que el tiempo mismo. Thomas quedó cautivado por su elegancia etérea y sintió que su corazón era atraído hacia ella como por un hilo invisible. La Reina, percibiendo la pureza de su espíritu, le ofreció una elección: viajar a los reinos desconocidos de la Tierra de los Elfos a cambio de un beso o no hacer nada y continuar con su vida, que quedaría para siempre desmarcada de las maravillas del más allá. Con el corazón lleno de anhelo y el alma cautivada por el amor, Thomas eligió el camino de las Fae. Sin dudarlo, se puso en pie y besó a la reina de otro mundo.

Tan pronto como hizo su elección, viajaron a la Tierra de los Elfos, un lugar donde el tiempo se mueve de forma diferente. Los días parecen años y los años pasan en un instante. La Reina le enseñó a Thomas este mundo encantador, mostrándole secretos y conocimientos que ningún mortal ha conocido jamás. Thomas quedó indudablemente encantado, ya que tuvo la oportunidad de ver maravillas inimaginables, algunas de las cuales sólo había oído cuando era joven en los cuentos que le contaban sus mayores.

Sin embargo, el destino tenía otros planes para los dos amantes. El tiempo que pasaron juntos estaba sujeto a reglas que ellos no habían creado. Algunos afirmaban que, cada siete años, las hadas debían pagar un tributo a las fuerzas oscuras. La Reina, temerosa de que Thomas pudiera ser el precio de este sombrío tributo, no podía soportar la idea de perder a su amado en semejante destino. En una decisión dividida entre el amor y el deber, optó por devolverlo al mundo de los mortales.

Otra historia hablaba de una razón diferente para el regreso de Thomas. Se decía que la Reina, para proteger su amor de las miradas indiscretas del Rey Hada, envió a Thomas de vuelta a Erceldoune. Su amor debía permanecer oculto, un tesoro conocido sólo por los corazones que lo albergaban.

Fuera cual fuese el motivo, Thomas regresó al reino de los humanos bajo el mismo Árbol de Eildon. Sin embargo, la Reina de las Hadas no se despidió de él sin un regalo. Thomas dejó el mundo de las Fae con una lengua que no podía mentir. Thomas podía pronunciar profecías, y siempre serían ciertas. Mientras que algunos veían esta habilidad como una bendición, otros la veían como una carga.

Entre sus muchas predicciones, Thomas predijo la muerte del rey Alejandro III, que condujo a las guerras de la Independencia Escocesa.

Habló de un futuro en el que Escocia e Inglaterra se unirían bajo una sola corona, una profecía que se hizo realidad siglos más tarde con el acceso de Jacobo VI de Escocia al trono inglés. Las visiones de Thomas iban más allá del ámbito político, tejiendo historias de amor y pérdida.

De hecho, su don le dio fama, pero en el fondo, lo que más apreciaba eran los recuerdos de la Tierra de Elfos y el tiempo que pasó con la Reina. Lo que le ocurrió a Thomas años después sigue siendo un misterio. Algunos dicen que Thomas fue llamado de nuevo a la tierra mágica y que aún vive allí. Otros creen que espera en secreto, listo para volver cuando Escocia más lo necesite.

A diferencia de otras trágicas historias de amor de la época, la de Thomas y la Reina no terminó en tristeza. Por el contrario, perdura como un relato de amor perdurable, aventura mágica y la idea de que, incluso en un mundo sumido en la tragedia, puede haber historias de asombro y esperanza.

Capítulo 9: Lugares sagrados

Al igual que sus primos celtas -Irlanda, Gales e Inglaterra-, Escocia alberga varios lugares sagrados. Estos lugares son algo más que monumentos de piedra y tierra. También son testigos mudos de la colorida historia del país y guardianes de sus secretos más profundos, misteriosos y encantadores, ya sean de antiguos reyes, criaturas místicas o milagros de santos. Desde las enigmáticas piedras erguidas en medio de la nada hasta las abadías de inquietante belleza y las espeluznantes tumbas, cada lugar es un portal directo a un pasado que parece casi de otro mundo. Estos lugares son importantes para comprender correctamente la identidad cultural de Escocia, ya que sirven como recordatorios de una época en la que se veneraba el mundo natural y el velo entre el reino terrenal y el mundo etéreo era supuestamente delgado.

Las Piedras Erguidas de Callanish

Uno de los lugares más fascinantes son las Piedras Erguidas de Callanish. Estas imponentes piedras, situadas en la isla de Lewis, en las Hébridas Exteriores, son un magnífico espectáculo.

La historia de las Piedras de Callanish es tan profunda y compleja como las raíces del brezo que cubre los páramos escoceses. Erigidos hacia el 2900 a. C., estos megalitos son anteriores a Stonehenge. Se cree que fueron colocados por manos de antiguos pobladores. Las razones se pierden en el tiempo, pero las piedras siguen fascinándonos. Sin embargo, durante muchos siglos permanecieron ocultas bajo una gruesa capa de turba y no fueron redescubiertas hasta 1857.

Las Piedras de Callanish durante la puesta de sol [88]

Las piedras se alzan contra el horizonte, altas y estoicas. Cada una mide unos cuatro metros y están dispuestas en forma de cruz alrededor de un monolito central de cuatro metros. Están hechas de gneis lewisiano, una roca cristalina compleja de las más antiguas del mundo, con una antigüedad de entre 1.700 y 3.000 millones de años. Estas piedras han sido testigos de numerosos cambios de cielos y estaciones. Algunos dicen que este círculo de piedras se asemeja a una antigua reunión de sabios, siempre encerrados en una conversación silenciosa.

La tumba de cámara dentro de las Piedras Erguidas de Callanish [88]

Las historias y mitos que rodean a las Piedras Erguidas de Callanish son tan interesantes como las propias piedras. Una leyenda popular, que refleja la naturaleza mística del lugar, cuenta que las piedras son gigantes petrificados que se negaron a convertirse al cristianismo y fueron castigados por San Kieran. Otra historia encantadora cuenta que una vaca blanca con orejas rojas emergió misteriosamente del mar para dar leche a los isleños en tiempos de necesidad. Por desgracia, la bondad de la vaca se vio truncada por la codicia de un visitante. La vaca desapareció para siempre.

Según los hallazgos arqueológicos, estas formaciones de piedra fueron probablemente el centro de diversos rituales durante la Edad de Bronce. Los historiadores creen que el yacimiento estuvo en uso durante al menos un milenio antes de ser abandonado en torno al año 1000 a. C. La teoría más aceptada hoy en día es que estos megalitos funcionaban como observatorio astronómico o calendario basado en acontecimientos celestes. Se cree que la disposición de las piedras se alinea con el movimiento de la Luna, sobre todo durante el parón lunar, que se produce cada 18,6 años.

También se cree que las piedras estaban relacionadas con el calendario agrícola, quizá marcando acontecimientos importantes como el solsticio o el equinoccio. Sin embargo, hoy en día, el yacimiento atrae a quienes buscan una conexión con el pasado o desean celebrar tradiciones ancestrales. Durante los solsticios, la gente suele reunirse en el lugar para contemplar el amanecer o el atardecer, cuando el sol se alinea con las piedras en un fascinante espectáculo de luces y sombras.

La isla de Iona

Enclavada en el Océano Atlántico, frente a la costa occidental de Escocia, se encuentra una pequeña pero muy significativa isla conocida como Iona. Esta isla sagrada mide sólo tres millas de largo y una milla de ancho. Iona es tan remota que la única forma de llegar a ella desde Edimburgo o Glasgow es en tren, en dos transbordadores y en un pintoresco viaje en autobús. Sin embargo, la isla es considerada desde hace siglos un faro de importancia espiritual e histórica. A diferencia de las milenarias Piedras Erguidas de Callanish, el encanto de Iona reside en su serena belleza y en su rica historia cristiana y celta.

La historia de Iona comienza en la noche de los tiempos, con la llegada de sus primeros habitantes a finales del Neolítico. Sin embargo, la isla cobró verdadera importancia en 563 d. C. con la llegada de San

Columba desde Irlanda. Columba, o Colum Cille, no sólo era monje, sino también noble y poeta. Estableció una comunidad monástica en Iona, que pronto se convirtió en un centro de difusión del cristianismo por toda Escocia y más allá. El monasterio que fundó sirvió como centro religioso y de aprendizaje, atrayendo a eruditos y religiosos de toda Europa.

Vista panorámica de Iona [44]

El monasterio de la isla creció rápidamente en fama e importancia, convirtiéndose en un renombrado centro de arte y aprendizaje en el mundo celta. Fue aquí donde se cree que los monjes de Iona crearon en el siglo VIII el famoso Libro de Kells, un manuscrito iluminado que contiene los cuatro Evangelios del Nuevo Testamento. Esta obra maestra del arte cristiano muestra el profundo patrimonio espiritual y artístico de la isla.

A pesar de ser un centro de aprendizaje y religión, Iona no quedó al margen de la violencia de la guerra. A lo largo de los siglos, Iona fue testigo de turbulencias. En una ocasión fue asaltada por los vikingos en el año 795 de la era cristiana y después sufrió varias disputas por el poder político. Sin embargo, la isla siguió siendo un lugar sagrado.

Por supuesto, en Iona también existen leyendas y cuentos. La más destacada habla del encuentro de San Columba con un ángel en la isla que le mostró una visión del cielo. Se dice que este encuentro afectó profundamente al santo, influyendo en sus enseñanzas y escritos.

Otra historia habla de la "Calle de los Muertos", un camino por el que se llevaban los cuerpos de reyes y jefes para enterrarlos. También se cree que Macbeth, el rey escocés hecho famoso por Shakespeare, fue enterrado aquí, junto con muchos otros gobernantes de Escocia, Irlanda e incluso Noruega.

La Abadía de Iona [86]

Con sus exuberantes colinas verdes que descienden suavemente hasta encontrarse con las tranquilas playas de arena blanca y la vasta extensión del océano azul, Iona ofrece una sensación de tranquilidad y reflexión. El relajante sonido de las olas y el canto de las aves marinas suelen ser lo único que perturba la profunda quietud que rodea la isla.

Al recorrer los antiguos senderos de Iona, pasando por la abadía y las ruinas de un convento, se tiene la palpable sensación de estar caminando a través de la historia. La isla es, más o menos, un museo viviente, donde cada piedra y cada recodo del camino cuentan una historia de fe, arte y el perdurable espíritu humano. Sigue siendo un lugar de peregrinación que atrae a quienes buscan consuelo, inspiración y una conexión más profunda con lo divino. Hoy en día, la isla sigue siendo una joya brillante en la corona de lugares sagrados de Escocia.

El Sillón de Arturo en Edimburgo

Lo crea o no, el Sillón de Arturo, la montaña mítica más preciada de Edimburgo, es en realidad un antiguo volcán que entró en erupción por última vez hace unos 340 millones de años. Desde entonces se ha erosionado y glaciado hasta alcanzar su tamaño actual. Con unos 251 metros de altura, este volcán extinto nos regala una vista panorámica de la ciudad y un viaje a algunas de las leyendas más populares de Escocia. En efecto, la historia del Sillón de Arturo es tan antigua como las rocas que lo forman, remontándose a cientos de millones de años.

El Sillón de Arturo [86]

Sin embargo, el nombre exacto de este lugar está rodeado de leyendas. Algunos dicen que debe su nombre al legendario Rey Arturo, sugiriendo que fue uno de los posibles emplazamientos de Camelot, el legendario castillo y corte del famoso rey. Otros sugieren que el volcán inactivo tenía otro nombre y que derivaba de una frase gaélica. En la época en que Holyrood Park era coto de caza real, un arquero batió el récord de la flecha más larga lanzada en el reino. Se dice que su flecha voló la impresionante distancia de 251 metros desde el coto de caza hasta la cima de la colina hoy conocida como el Sillón de Arturo. Desde entonces, los lugareños empezaron a llamar a la colina "Àrd-na-Saighead" o "Altura de las flechas" en reconocimiento a esta hazaña.

El Sillón de Arturo encierra algunas historias intrigantes. Una de ellas nos habla de un feroz dragón conocido por aterrorizar el casco antiguo de Edimburgo. Algunos dicen que esta historia es anterior incluso a la época celta. Según la antigua leyenda, el dragón nunca sabía descansar. Todos los días, la maliciosa criatura daba vueltas por el cielo, arrebatando y devorando cualquier animal que se cruzara en su camino, incluido el ganado de los lugareños. Los habitantes de Edimburgo estaban más que aterrorizados por el dragón, sobre todo porque no sabían cómo satisfacer su interminable codicia. Y así, la criatura comió y asoló las humildes tierras continuamente durante años. Sin embargo, al final, fue su propia codicia la que acabó con el dragón.

Se creía que el dragón había engordado mucho. La pereza se apoderó de la criatura y dejó de atacar a las ciudades y pueblos. Un día, el dragón voló hasta una colina a las afueras de Edimburgo. Tal vez agotada por sus excursiones diarias, la criatura descansó en la cima. Por desgracia para el gigantesco dragón, ésa fue la última vez que volvió a volar. Según cuenta la leyenda, el dragón se tumbó a descansar y cayó en un profundo letargo del que nunca despertó. Con el tiempo, el enorme cuerpo del dragón se convirtió en piedra, y sus curvas y contornos formaron las colinas y peñascos que ahora conforman el paisaje del Sillón de Arturo.

El Sillón de Arturo también es fascinante desde el punto de vista histórico. Los hallazgos arqueológicos, incluido un fuerte en la cima que data de alrededor del año 600 d. C., sugieren que fue un lugar importante para los primeros colonos. Quizá el misterio más intrigante en torno a este volcán extinto surgió en 1836 con el descubrimiento de unos ataúdes en miniatura.

Un grupo de muchachos estaba cazando conejos y tropezaron con una pequeña cueva en la ladera noreste del Sillón de Arturo. En el interior de esta cueva encontraron algo inesperado y sorprendente: una colección de diecisiete ataúdes diminutos, cada uno de ellos cuidadosamente tallado y que contenía una pequeña figura de madera vestida con ropas hechas a medida. Las figuras, que parecían vestidas con un estilo que recordaba al atuendo funerario, estaban meticulosamente elaboradas, con una atención al detalle que hablaba de un acto deliberado e intencionado.

El descubrimiento de estos ataúdes en miniatura desató una oleada de especulaciones y teorías sobre su origen y finalidad. Algunos pensaban que estaban relacionados con la brujería o que eran fichas para ahuyentar a los malos espíritus. Otros especularon con que estaban relacionados con los infames asesinatos de Burke y Hare, sugiriendo que los ataúdes representaban a cada una de las víctimas de los asesinos, aunque los registros afirman que los asesinos mataron a dieciséis víctimas. Esta teoría, aunque muy discutida, tiene pocas pruebas que la respalden.

Otra teoría sugiere que estos ataúdes se crearon como una forma de conmemoración, tal vez para los marineros perdidos en el mar. La atención al detalle en las ropas y la cuidadosa disposición de los ataúdes podrían indicar un proceso de duelo o un homenaje al difunto.

Los Mojones de Clava

Cerca de las orillas del río Nairn se encuentran los Mojones de Clava, otro yacimiento tan misterioso como antiguo. Este complejo de mojones funerarios y piedras erguidas, que se remonta a la Edad de Bronce, hace unos cuatro mil años, ofrece una fascinante visión del pasado prehistórico de Escocia. A diferencia de las vibrantes historias del Sillón de Arturo o la resonancia espiritual de la isla de Iona, Los Mojones de

Clava desprenden un aura de antigua solemnidad y profundo misticismo.

Los Mojones de Clava [87]

Los Mojones de Clava, también conocidos como Balnuaran de Clava, consisten en un grupo de mojones funerarios bien conservados rodeados de piedras en pie. El yacimiento se divide en dos tipos de mojones: mojones de paso y mojones anulares. Los mojones de paso, con sus estrechos pasadizos que conducen a cámaras centrales, se utilizaban probablemente para enterramientos, mientras que los mojones anulares, que no tienen entrada aparente, podrían haber tenido un propósito ceremonial diferente.

Los mojones están construidos con notable precisión. Cada uno de ellos está rodeado por un círculo de piedras erguidas, algunas de las cuales están alineadas con los movimientos del sol, especialmente durante el solsticio de invierno. Esta alineación sugiere que el yacimiento no era sólo un lugar de enterramiento, sino también un espacio ceremonial donde los antiguos podían haber celebrado y marcado el cambio de las estaciones.

Las propias piedras son una fuente de asombro. Están hechas de una variedad local de piedra hendida conocida como "whinstone", y varían en altura y forma; algunas presentan misteriosas marcas de cazoletas y anillos. Es posible que estas tallas tuvieran un significado ritual;

posiblemente se utilizaban en ceremonias o como forma de marcar la propiedad o el patrimonio.

Las leyendas y el folclore están estrechamente relacionados con los mojones de clava. Una de ellas habla de espíritus que custodian el lugar sagrado y protegen los antiguos secretos que encierra. Algunos incluso advierten a los forasteros de que no permanezcan en el lugar durante la noche, ya que los mojones encierran misterios que escapan a nuestra comprensión mortal. Hace unas dos décadas, se dijo que los Mojones de Clava habían infligido una maldición a un turista belga que se llevó un trozo de piedra como recuerdo. Poco sabía él que este diminuto trozo de recuerdo traía estragos a su hogar, y envió desesperadamente la piedra a una oficina de turismo de Inverness, junto con una carta en la que explicaba los incidentes ocurridos. Según sus escritos, desde que llevó la piedra a casa, su familia sólo conoció desgracias. Su hija se rompió una pierna, su mujer enfermó misteriosamente y el hombre se rompió un brazo y perdió su trabajo.

Incidentes míticos y peculiares aparte, la soledad y el ambiente de los Mojones de Clava son sorprendentes. Escondido en una tranquila arboleda, el lugar emana una sensación de tiempo ininterrumpido y ofrece una conexión palpable con un pasado lejano. Los visitantes suelen experimentar una sensación de asombro y paz, como si entraran en un mundo diferente donde el tiempo se detiene y el ruido del mundo moderno desaparece.

En los últimos años, los Mojones de Clava han acaparado la atención internacional por su asociación con la popular serie *Outlander*, ya que inspiraron el fictício Craigh Na Dun, un lugar de viajes en el tiempo. Esta conexión ha atraído a nuevos visitantes deseosos de experimentar por sí mismos el encanto místico de los mojones.

El Priorato de Whithorn

La historia del priorato de Whithorn está profundamente ligada a la expansión del cristianismo en Escocia. Fundado hacia el año 397 d. C. por San Ninian, el primer misionero cristiano conocido en Escocia, el priorato está considerado como uno de los primeros centros de culto cristiano del país. San Ninian estableció una iglesia en Whithorn, conocida como Casa Cándida (Casa Blanca), que le permitió evangelizar las regiones circundantes. Esta iglesia, la primera construida en piedra en Escocia, marcó el inicio de una tradición de culto cristiano y peregrinación que ha perdurado durante siglos.

Capilla de San Ninian [88]

El priorato, cuyas ruinas se conservan hoy en día, fue fundado mucho más tarde, hacia el siglo XII. Se convirtió en un lugar de gran importancia religiosa y cultural, que atraía a peregrinos de toda Escocia y de otros lugares. El priorato albergaba una comunidad de monjes que seguían la orden premonstratense, conocida por su compromiso con la piedad y el aprendizaje.

Whithorn se convirtió en un centro de peregrinación, en parte debido a la creencia de que San Ninian estaba enterrado allí. Los peregrinos viajaban al lugar en busca de consuelo espiritual, curación y bendiciones. Un destacado peregrino fue Robert the Bruce. En 1329, hacia el final de su vida y aquejado de una grave enfermedad, Robert the Bruce peregrinó a Whithorn. Buscó curación y quizá el favor divino en el santuario de San Ninian. A pesar de su fe y de la esperanza de un milagro, Robert the Bruce sucumbió a su enfermedad tres meses después de su visita.

La nave de la catedral del priorato de Whithorn [89]

David II, hijo de Robert the Bruce, también realizó una importante peregrinación a Whithorn. Cuenta la leyenda que, durante la batalla de Neville's Cross en 1346, David II fue alcanzado por dos flechas. Una de estas flechas no pudo ser extraída. Sin embargo, tras una peregrinación al santuario de Whithorn, la flecha fue finalmente extraída con éxito.

La importancia del priorato de Whithorn va más allá de su historia religiosa. Fue un centro de aprendizaje y cultura, en el que los monjes desempeñaron un papel vital en la conservación y producción de textos y artefactos religiosos. En la actualidad, las ruinas del lugar, incluida la iglesia del priorato, ofrecen una visión de su grandioso pasado.

Whithorn también ha experimentado un renacimiento de la peregrinación en los últimos años. El Camino de Whithorn, una ruta de peregrinación moderna, permite a los visitantes seguir los pasos de los peregrinos medievales, atravesando los impresionantes paisajes del suroeste de Escocia hasta llegar al lugar histórico. Esta experiencia de peregrinación contemporánea conecta a la gente con el rico patrimonio espiritual de Whithorn, mezclando pasado y presente en un viaje de reflexión y descubrimiento.

Conclusión

A medida que viajamos por las brumosas tierras altas y los profundos lagos del paisaje mitológico de Escocia, recordamos constantemente la profunda influencia que ejercen estos cuentos antiguos en la configuración de la cultura, la identidad y la tradición narrativa de la nación. Este libro ha sido un viaje a través del tiempo, profundizando en una variedad de cuentos, personajes y temas. Estas historias no sólo son fundamentales para la mitología escocesa, sino que también han seguido resonando profundamente en el público moderno, tanto jóvenes como mayores.

El continuo atractivo de la mitología escocesa reside en su capacidad para hablar de la condición humana y explorar las profundidades de nuestros miedos, deseos y esperanzas. Estas antiguas historias nos recuerdan nuestra conexión con el pasado, con la tierra y con las experiencias humanas compartidas que trascienden el tiempo y el lugar. Son algo más que cuentos: son una ventana abierta al alma de una nación, que refleja los valores, creencias y aspiraciones del pueblo escocés.

El imborrable impacto del patrimonio mitológico escocés es patente en la cultura, las artes y la literatura modernas. Estas antiguas narraciones, llenas de heroísmo, romance, tragedia y lo sobrenatural, han resistido el paso del tiempo, inspirando numerosas obras creativas. En películas y programas de televisión, los elementos de los mitos escoceses se entretejen a menudo en las narraciones, creando mundos llenos de magia y asombro. Por ejemplo, el encanto de las Tierras Altas escocesas, embrujadas por los espíritus de su pasado y las leyendas de sus gentes, ha cautivado a los cineastas, dando lugar a representaciones cinematográficas que pintan los mitos y la historia de la nación bajo una nueva luz.

En la literatura, la influencia de la mitología escocesa es igualmente profunda. Las novelas, tanto históricas como fantásticas, recurren con frecuencia a la riqueza de la tradición celta, reinterpretando viejos relatos o incorporando temas mitológicos en nuevas historias. Personajes como el líder escocés del siglo XIII William Wallace, criaturas míticas como los kelpies y el monstruo del lago Ness, y acontecimientos históricos como la caza de brujas, han encontrado nueva vida en las páginas y las pantallas, cautivando a una nueva generación de lectores y espectadores de todo el mundo.

La música también se ha visto afectada por estos relatos ancestrales. La música tradicional escocesa encierra a menudo la esencia de estos mitos, con baladas que cuentan historias de amor, pérdida y aventura. Los músicos contemporáneos siguen inspirándose en estas historias y las utilizan para crear canciones que hablan del antiguo pasado de la tierra y de las intemporales experiencias humanas reflejadas en estos mitos.

La reinterpretación de las leyendas clásicas y la incorporación de temas mitológicos en nuevas obras no son sólo actos de creatividad; son la prueba de la importancia duradera de estas historias. Sirven como puentes que conectan el pasado con el presente, manteniendo viva la esencia de la mitología escocesa en nuestra conciencia compartida.

De cara al futuro, tenemos la esperanza de que estas cautivadoras historias sigan siendo apreciadas, compartidas y reimaginadas. Es esencial que la sabiduría mitológica, los valores y el patrimonio de Escocia sigan siendo una parte vital del legado cultural de la nación. En un mundo que cambia con rapidez, estos mitos ofrecen un vínculo con el pasado, nos arraigan en la tradición al tiempo que inspiran nuevas historias e interpretaciones.

Vea más libros escritos por Enthralling History

Bibliografía

Brown, C. (2022, May 18). The Callanish Standing Stones: Stonehenge of the North. Good Nature Travel Blog | Stories Are Made on Adventures. https://www.nathab.com/blog/callanish-standing-stones/

Brown, R. (2023, April 5). The Two Sisters and the Curse. Folklore Scotland. https://folklorescotland.com/the-two-sisters-and-the-curse/

By The Newsroom. (2016, April 19). Five parts of Scotland you didn't know were cursed. The Scotsman. https://www.scotsman.com/whats-on/arts-and-entertainment/five-parts-of-scotland-you-didnt-know-were-cursed-1478389

By The Newsroom. (2016, April 19). Five parts of Scotland you didn't know were cursed. The Scotsman. https://www.scotsman.com/whats-on/arts-and-entertainment/five-parts-of-scotland-you-didnt-know-were-cursed-1478389

By The Newsroom. (2016, October 25). Was tourist cursed by sacred Highland site? The Scotsman. https://www.scotsman.com/whats-on/arts-and-entertainment/was-tourist-cursed-by-sacred-highland-site-613927

Cameron, E. (2019, March 6). Legends of Argyll – Eilidh Cameron Photography. Eilidh Cameron Photography. https://www.eilidhcameronphotography.com/blog/2019/3/6/legends-of-argyll

Cartwright, M. (2023). Lugh. World History Encyclopedia. https://www.worldhistory.org/Lugh/#google_vignette

Deirdre of the Sorrows - Bard Mythologies. (n.d.). https://bardmythologies.com/deirdre-of-the-sorrows/

Facts, legend & History | Callanish (Calanais) Standing Stones. (2023, December 18). Calanais. https://calanais.org/explore/

Fairnie, R. (2019, October 29). Bone-chilling story behind Craigleith house "haunted" by ancient Egyptian mummy. Edinburgh Live.

https://www.edinburghlive.co.uk/news/edinburgh-news/bone-chilling-story-behind-craigleith-17162657

Graeme. (2023, November 21). Scottish Witch Stories: The Facts & The Fiction. Scotland's Stories. https://scotlands-stories.com/scottish-witch-stories/

Great Castles - Lady Ghosts of Crathes Castle. (n.d.). https://great-castles.com/crathesghost.html

Great Castles - Lady Ghosts of Crathes Castle. (n.d.). https://great-castles.com/crathesghost.html

Hale, R. (2023, August 7). Hermitage Castle, Scotland's Fortress Of Nightmares | Spooky Isles. Spooky Isles. https://www.spookyisles.com/hermitage-castle/#google_vignette

Haunted Rooms. (2023, January 31). The Ghosts of Mary King's Close, Edinburgh | Haunted Rooms. Haunted Rooms. https://www.hauntedrooms.co.uk/mary-kings-close

IrishCentral Staff. (2023, March 21). The legendary "Deirdre of the Sorrows" and the Celtic tale's legacy. IrishCentral.com. https://www.irishcentral.com/roots/legendary-deirdre-sorrows+

Jackcairney. (2022, July 7). Legends from the Old Man of Storr - Hidden Scotland. Hidden Scotland. https://hiddenscotland.co/legends-from-the-old-man-of-storr/#:~:text=Some%20say%20the%20Old%20Man,their%20long%20and%20happy%20marriage

Jackcairney. (2022, July 7). Legends from the Old Man of Storr - Hidden Scotland. Hidden Scotland. https://hiddenscotland.co/legends-from-the-old-man-of-storr/

Jewelry, S. I. (2023, May 5). The Legend of the Selkies: A Love & Transformation story. ShanOre Irish Jewelry. https://www.shanore.com/blog/the-legend-of-the-selkies/

Kingshill, S., & Westwood, J. (2009). The Lore of Scotland: A guide to Scottish legends. https://openlibrary.org/books/OL25081911M/The_lore_of_Scotland

Mark, J. J. (2023). Clava Cairns. World History Encyclopedia. https://www.worldhistory.org/Clava_Cairns/#google_vignette

Pilgrimage. (n.d.). https://www.whithorn.com/origins/pilgrimage/

Scott, & Scott. (2023, March 14). What is Scottish Witchcraft (or not)? – the role of the wise women. The Cailleach's Herbarium. https://theCailleachs-herbarium.com/2015/09/what-is-scottish-witchcraft-or-not-the-role-of-the-wise-women/#:~:text=Witchcraft%20in%20Scotland%20was%20known,to%20a%20%E2%80%9Cfoolish%20women%E2%80%9D

Scottish legends: The Cu Sith. (n.d.). Folkrealm Studies. https://folkrealmstudies.weebly.com/scottish-legends-the-cu-sith.html#google_vignette

Smith, K. (2019, April 3). 10 of the most wicked witches in Scottish history. Scottish Field. https://www.scottishfield.co.uk/culture/10-of-the-most-wicked-witches-in-scottish-history/

St. Ninian. (n.d.). https://www.whithorn.com/origins/st-ninian/

The horrifying execution of William Wallace. (n.d.). Mercat Tours Ltd, Edinburgh, Scotland. https://www.mercattours.com/blog-post/the-horrifying-execution-of-william-wallace

The Kelpie, mythical Scottish water horse. (2017, August 26). Historic UK. https://www.historic-uk.com/CultureUK/The-Kelpie/

The mystery of the miniature coffins. (n.d.). National Museums Scotland. https://www.nms.ac.uk/explore-our-collections/stories/scottish-history-and-archaeology/mystery-of-the-miniature-coffins/

Fuentes de imágenes

[1] https://commons.wikimedia.org/wiki/File:Wonder_tales_from_Scottish_myth_and_legend_(1917)_(14566397697).jpg

[2] Walter Baxter / The Corryvreckan Whirlpool: https://commons.wikimedia.org/wiki/File:The_Corryvreckan_Whirlpool_-_geograph-2404815-by-Walter-Baxter.jpg

[3] code poet on Flickr., CC BY-SA 2.0 <https://creativecommons.org/licenses/by-sa/2.0>, via Wikimedia Commons: https://commons.wikimedia.org/wiki/File:Causeway-code_poet-4.jpg

[4] https://commons.wikimedia.org/wiki/File:Scotland-Staffa-Fingals-Cave-1900.jpg

[5] Diliff, CC BY-SA 3.0 <https://creativecommons.org/licenses/by-sa/3.0>, via Wikimedia Commons: https://commons.wikimedia.org/wiki/File:Old_Man_of_Storr,_Isle_of_Skye,_Scotland_-_Diliff.jpg

[6] Otter, CC BY-SA 3.0 <http://creativecommons.org/licenses/by-sa/3.0/>, via Wikimedia Commons: https://commons.wikimedia.org/wiki/File:Wallace_Monument_20080505_Stained_glass_William_Wallace.jpg

[7] https://commons.wikimedia.org/wiki/File:Stirling_Bridge.jpg

[8] https://commons.wikimedia.org/wiki/File:The_Trial_of_William_Wallace_at_Westminster.jpg

[9] Kim Traynor, CC BY-SA 3.0 <https://creativecommons.org/licenses/by-sa/3.0>, via Wikimedia Commons: https://commons.wikimedia.org/wiki/File:Robert_The_Bruce_Crowned_King_of_Scots.jpg

[10] https://commons.wikimedia.org/wiki/File:Black_Agnes,_from_a_children%27s_history_book.jpg

[11] Kim Traynor, CC BY-SA 3.0 <https://creativecommons.org/licenses/by-sa/3.0>, via Wikimedia Commons: https://commons.wikimedia.org/wiki/File:Ruins_of_Dunbar_Castle,_East_Lothian_Scotland.jpg

[12] https://commons.wikimedia.org/wiki/File:The_Fomorians,_Duncan_1912.jpg

[13] https://commons.wikimedia.org/wiki/File:Riders_of_th_Sidhe_(big).jpg

[14] https://commons.wikimedia.org/wiki/File:Thecomingofbrideduncan1917.jpg

[15] Octave 444, CC BY-SA 4.0 <https://creativecommons.org/licenses/by-sa/4.0>, via Wikimedia Commons: https://commons.wikimedia.org/wiki/File:Sainte_Brigitte_%C3%A9glise_Macon.jpg

[16] Nationalmuseet, CC BY-SA 3.0 <https://creativecommons.org/licenses/by-sa/3.0>, via Wikimedia Commons: https://commons.wikimedia.org/wiki/File:Gundestrupkedlen-_00054_(cropped).jpg

[17] https://commons.wikimedia.org/wiki/File:Will-o-the-wisp_and_snake_by_Hermann_Hendrich_1823.jpg

[18] Kim Traynor, CC BY-SA 3.0 <https://creativecommons.org/licenses/by-sa/3.0>, via Wikimedia Commons: https://commons.wikimedia.org/wiki/File:Edinburgh_Castle_from_the_North.JPG

[19] Oyoyoy, CC BY-SA 3.0 <https://creativecommons.org/licenses/by-sa/3.0>, via Wikimedia Commons: https://commons.wikimedia.org/wiki/File:Crathes_Castle_from_garden.jpg

[20] https://commons.wikimedia.org/wiki/File:Hermitagecastle1814.jpg

[21] https://commons.wikimedia.org/wiki/File:Marykingsclose006.jpg

[22] Juan Antonio Ruiz Rivas, CC BY-SA 3.0 <http://creativecommons.org/licenses/by-sa/3.0/>, via Wikimedia Commons: https://commons.wikimedia.org/wiki/File:Medico_peste.jpg

[23] John Allan / Each Uisge Earballach: https://commons.wikimedia.org/wiki/File:Each_Uisge_Earballach_-_geograph.org.uk_-_218481.jpg

[24] © User:Colin / Wikimedia Commons: https://commons.wikimedia.org/wiki/File:The_Kelpies_1-1_Stitch.jpg

[25] Sam Fentress, CC BY-SA 2.0 <https://creativecommons.org/licenses/by-sa/2.0>, via Wikimedia Commons: https://commons.wikimedia.org/wiki/File:LochNessUrquhart.jpg

[26] https://commons.wikimedia.org/wiki/File:Arthur_Grant_loch_ness_sketch.png

[27] https://commons.wikimedia.org/wiki/File:Faroese_stamp_579_the_seal_woman.jpg

[28] https://commons.wikimedia.org/wiki/File:Punishment_of_Witches.png

[29] https://commons.wikimedia.org/wiki/File:North_Berwick_Witches.png

[30] https://commons.wikimedia.org/wiki/File:Deirdr%C3%AA,_A_Book_of_Myths.jpg

[31] https://commons.wikimedia.org/wiki/File:Katherine_Cameron-Thomas_the_Rhymer.png

[32] Tom Richardson / Callanish at sunset: https://commons.wikimedia.org/wiki/File:Callanish_at_sunset_-_geograph.org.uk_-_820680.jpg

[33] Nachosan, CC BY-SA 3.0 <https://creativecommons.org/licenses/by-sa/3.0>, via Wikimedia Commons: https://commons.wikimedia.org/wiki/File:Callanish_I_2011_17.JPG

[34] https://commons.wikimedia.org/wiki/File:TyIona20030825r17f31.jpg

[35] User Karl Gruber on de.wikipedia, CC BY-SA 3.0 <http://creativecommons.org/licenses/by-sa/3.0/>, via Wikimedia Commons:

https://commons.wikimedia.org/wiki/File:Iona_Abbey_from_water.jpg

[36] *Kim Traynor, CC BY-SA 3.0 <https://creativecommons.org/licenses/by-sa/3.0>, via Wikimedia Commons: https://commons.wikimedia.org/wiki/File:Arthur%27s_Seat,_Edinburgh.JPG*

[37] *Nachosan, CC BY-SA 3.0 <https://creativecommons.org/licenses/by-sa/3.0>, via Wikimedia Commons: https://commons.wikimedia.org/wiki/File:Clava_cairn_(Balnauran_of_Clava)_28.JPG*

[38] *Oehoe at Dutch Wikipedia, CC BY-SA 3.0 <http://creativecommons.org/licenses/by-sa/3.0/>, via Wikimedia Commons: https://commons.wikimedia.org/wiki/File:Stninianschapel.jpg*

[39] *Otter, CC BY-SA 3.0 <http://creativecommons.org/licenses/by-sa/3.0/>, via Wikimedia Commons: https://commons.wikimedia.org/wiki/File:Whithorn_Priory_20080423_nave.jpg*

www.ingramcontent.com/pod-product-compliance
Lightning Source LLC
Chambersburg PA
CBHW070336010526
44107CB00004B/528